Charlotte Mohs

111 Orte für Kinder in Mainz, die man gesehen haben muss

111

emons:

MIX
Papier aus verantwortungsvollen Quellen
FSC
www.fsc.org
FSC® C083411

Bibliografische Information der Deutschen Nationalbibliothek
Die Deutsche Nationalbibliothek verzeichnet diese Publikation in der Deutschen Nationalbibliografie; detaillierte bibliografische Daten sind im Internet über http://dnb.d-nb.de abrufbar.

Layout: Editorial Design & Artdirection, Conny Laue, Bochum, nach einem Konzept von Lübbeke | Naumann | Thoben und Nina Schäfer
Kartografie: altancicek.design, www.altancicek.de
Kartenbasisinformationen aus Openstreetmap,

Druck und Bindung: CPI – Clausen & Bosse, Leck
Printed in Germany 2019
ISBN 978-3-7408-0665-1
Originalausgabe

VORWORT

Mainz ist vieles: Narrenhochburg, Domstadt, Wiege des Buchdrucks – für Familienfreundlichkeit ist die Landeshauptstadt nicht bekannt. Zu Unrecht? Was hat Mainz wirklich für Kinder zu bieten? Ich habe mich auf die Suche nach besonderen Plätzen und Unternehmungen für die ganze Familie gemacht. Eine bisweilen abenteuerliche Suche, für die ich in den Untergrund und auf Türme gestiegen, über Flüsse gefahren und auf Inseln gestrandet bin. Ob Hasen im Hotel oder ein Skelett unterm Shoppingcenter, Mainz hält einige Überraschungen bereit.

Die Suche hat sich gelohnt. Nicht nur weil meine Kinder und ich vom Dampfbahnfahren, Kreppelprobieren und Rutschentesten gar nicht genug bekommen konnten. An vielen Orten traf ich auf Menschen, die mit ihrem ehrenamtlichen Engagement, ihrer Kreativität und ihrer Liebe zur Umwelt unsere Stadt jeden Tag ein bisschen kinderfreundlicher machen.

Dieses Buch will alle Familien ermuntern, der Abenteuerlust ihrer Kinder zu folgen und selbst auf Entdeckungsreise zu gehen: Stadtteile kennenzulernen, die sie sonst nur durchqueren, Türen zu öffnen, an denen sie bisher bloß vorbeiliefen und mit interessanten Menschen ins Gespräch zu kommen. 111 Orte in Mainz warten nur darauf, von Kindern erobert zu werden.

111 ORTE

1_DER 50. BREITENGRAD

Gratwanderung auf dem Gutenbergplatz

Manch ein Kind kennt das Gitter, das sich über Globen und Landkarten spannt, und weiß sogar, dass es sich hierbei um Breiten- und Längengrade handelt. Ein Breitengrad gibt die Entfernung eines Punktes der Erdoberfläche zum Äquator an. Gemeinsam mit dem Längengrad kann er die genauen Koordinaten eines Ortes darstellen.

Besucher des Gutenbergplatzes in Mainz müssen nicht erst eine Landkarte konsultieren, um zu wissen, auf welchem Breitengrad sie sich befinden. Zwei Metallschienen, ein Globus und eine Inschrift auf dem Gehweg des gut frequentierten Platzes weisen darauf hin, dass man sich nun auf dem 50. Grad nördlicher Breite befindet. Kinder nehmen die Gelegenheit gern wahr und springen von einer Seite zur anderen. Es könnte ja sein, dass auf dem 49-Grad-Bereich irgendetwas anders ist.

Ein Grad geographischer Breite misst rund 111 Kilometer. So befinden sich alle Orte zwischen Karlsruhe und Mainz auf 49 Grad nördlicher Breite. Den 50. Breitengrad teilt sich die Stadt Mainz unter anderem mit Krakau und Prag. Eigentlich verläuft der Breitengrad hinter dem Staatstheater auf Höhe des Geschwister-Heinefetter-Platzes, der musste dieses Privileg aber an den touristisch bedeutenderen Gutenbergplatz abtreten. Schließlich beträgt die Distanz nur 0,001 Grad geographischer Breite. Und für Kinder, die sich dank Hüpfeinlage nun endlich etwas unter Breiten- und Längengraden vorstellen können, ist der Unterschied sowieso gehupft wie gesprungen.

Adresse Gutenbergplatz, 55116 Mainz-Innenstadt, barrierefrei // **ÖPNV** Bus 28, 54–57, 60–65, 68, 70, 71, Haltestelle Höfchen/Listmann // ab 6 Jahren

TIPP: »Geographie für Alle« gibt es in Form von spannenden Stadtführungen mit Themen wie »Hinter Schloss und Riegel – Gefängnisse in Mainz« (www.geographie-fuer-alle.de). Besonders empfehlenswert sind die Familienführungen, die auch auf Kinder unter zwölf Jahren ausgerichtet sind.

2_DER ABENTEUER-WALD

Wo die Wilden Kerle spielen

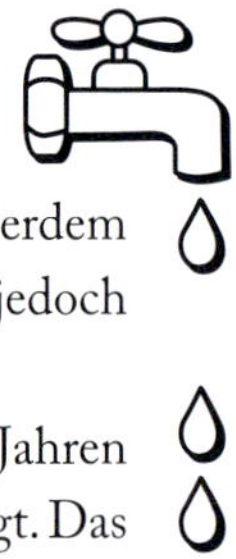

Viele Familien kennen den Stadtteil Mainz-Mombach vor allem als traditionsreichen Industriestandort, geprägt von der alten Waggonfabrik und dem Industriehafen. Dass es hier außerdem einen der schönsten Naturspielplätze der Stadt gibt, wissen jedoch nur die wenigsten.

Der Mombacher Abenteuerwald wurde schon in den 90er Jahren als Naturspielplatz mit Lehmhütten und Baumhäusern angelegt. Das fast 4.000 Quadratmeter große Areal war lange Zeit sich selbst überlassen. Im Jahr 2010 wurden auf Wunsch der Anwohner die Wege freigelegt und eine Wasserpumpe errichtet. Der naturnahe Charakter des Geländes konnte dabei glücklicherweise gewahrt werden.

Die Wasserpumpe, eine Rutsche und ein paar Picknickbänke sind die einzigen Anzeichen von Zivilisation, die man auf diesem Spielplatz finden wird. Kinder können den schmalen, verschlungenen Wegen schier endlos folgen, über einen Bachlauf, an berankten Bäumen vorbei. Im Frühjahr blühen die knorrigen Obstbäume, und bunte Käfer krabbeln durch das Gehölz. Scheinbar zufällig verteilte Holzstämme laden zum Balancieren und Klettern ein. Ein Pfad endet schließlich auf einer Lichtung, die groß genug ist zum Kicken, Tanzen, Fangen und Bauen.

So sieht es vielleicht aus, das Land, in dem die Wilden Kerle wohnen. Aber auch Hotzenplotz und die kleine Hexe könnten sich hier wohlfühlen. Eins ist sicher: Der Mombacher Abenteuerspielplatz ist noch ein Grund mehr, nach Mombach zu kommen.

Adresse Köppelstraße 15, 55120 Mainz-Mombach // ÖPNV Bus 60, 61, 63, 78, Haltestelle Halle 45 // ab 3 Jahren

TIPP: Von der ehemaligen Ingelheimer Auenspitze, erreichbar über die Gaßnerallee, hat man einen schönen Blick auf den Rhein, hinter sich die Fabriken und Kraftwerke – der Ort, wo sich Industrie und Natur treffen. Grillen wird hier von der Stadt geduldet.

3_DER ALTE WAGGON

Zauberhafte Miniaturwelt

Man kommt sich vor wie in den Harry-Potter-Büchern, sucht man nach dem geheimen Gleis Nummer 13. Die Wegweiser zur Modellbahnvorführung am Hauptbahnhof Mainz zeigen in eine Richtung, in der man nie ein Gleis vermuten würde. Doch zum Glück muss man nicht erst mit Karacho durch eine Mauer rennen, um zu dem dunkelgrünen Waggon zu gelangen, dem Clubhaus des »Modellbahn Club Mainz 70«.

Der Waggon, ein ehemaliger Reisezugwagen aus dem Jahr 1934, weckt mit seinem gewölbten Dach und den verschlossenen Fenstern unwillkürlich die Neugier von Kindern und Eltern. Ein Glück, dass der Verein zur Weihnachts- und Osterzeit seine Waggontüren für alle öffnet. Dann erklimmen gespannte Kinder die Stufen und finden sich in einer kompletten Miniaturwelt wieder. Grubenbahnen, Güter- und Personenzüge rattern direkt vor den Nasen der Kinder entlang durch eine Landschaft aus Burgen, Weinbergen und Dorfkirchen, ganz ähnlich der realen Rheinstrecke. Ein Clubmitglied steuert die Züge manuell von einem Pult aus. Die Technik hinter der Anlage, bestehend aus unglaublich vielen Kabeln und Knöpfen, grenzt für den Laien an Zauberei.

Kinder und Eltern können sich nicht sattsehen an all den liebevollen Details: Die Bauarbeiten an einem Tunnel, die fahrenden Gondeln einer Seilbahn, das rote Cabriolet vor dem Hotel, alles erzählt eine Geschichte. Wenn sich die Waggontür schließlich hinter den Besuchern schließt, ist ihnen, als hätten sie eine lange Reise hinter sich, vielleicht doch in eine magische Welt.

TIPP: Beim Westausgang des Hauptbahnhofs, an der Binger Straße, lassen sich die modernen Züge von oben bei ihrer Ein- und Ausfahrt beobachten. Und man kann Gleis 4 und 5 sehen, die zweitlängsten Bahnsteige Deutschlands (627,50 Meter lang).

Adresse Bahnhofplatz 1, 55116 Mainz-Innenstadt // **ÖPNV** alle Linien, Haltestelle Hauptbahnhof // **Öffnungszeiten** Termine auf www.mcm70.com // ab 3 Jahren

4_DIE BADEZUBER

Planschen wie im Mittelalter

Auf den ersten Blick sieht die Hügellandschaft im Innenhof der Badergasse 14 so gar nicht nach einem Spielplatz aus. Fragmente von überdimensionierten Holzzubern ragen aus Sandflächen hervor. Dazwischen schlängeln sich Betonmäuerchen und Steinpfade über den Platz. Erst die Wasserpumpe gibt den entscheidenden Hinweis, dass es sich hier um einen der wenigen Mainzer Wasserspielplätze handelt.

Von Birgit Kratzheller entworfen und 2001 eröffnet, soll der Spielplatz die mittelalterliche Zunft der Bader würdigen, nach der die Gasse benannt wurde. Die großen Holzbütten verweisen auf die damaligen Badeanstalten. Aufmerksame Kinderaugen werden außerdem Metalltafeln mit Abbildungen von Heilpflanzen entdecken, denn die Bader wurden auch für ihre Heilkünste geschätzt.

Durch das Fehlen herkömmlicher Spielgeräte kommen Kinder auf neue Ideen, den Platz zu nutzen: Die großen Waschzuber eignen sich hervorragend für Versteckspiele, die Hügel und Brücken bilden einen spannenden Parcours. Wenn im Sommer die Pumpe läuft, verwandeln sich die Steinpfade in einen lustig fließenden Bach und die Sandflächen in eine herrliche Matschküche. Unter einer schattigen Pergola laden Bänke zum Verweilen und Picknicken ein.

Und spätestens jetzt wird allen Kindern klar: Dieser Innenhof, halb Wasserspielplatz und halb Monument, nur wenige Meter von der touristischen Augustinerstraße entfernt und trotzdem völlig abgeschieden, ist den zweiten Blick allemal wert.

Adresse Badergasse 14, 55116 Mainz-Innenstadt, barrierefrei // **ÖPNV** Bus 64, 65, 70, 71, Haltestelle Altstadt/Holzhof // **Öffnungszeiten** 7.30–20 Uhr, im Winter bis 18 Uhr // ab 2 Jahren

TIPP: In derselben Straße lockt das »Café Dell Arte« täglich mit einem leckeren Frühstücksbuffet (www.cafedellarte.de).

5_DAS BÄLLCHENBAD

Alles in Bewegung in der Kinderwelt

Drei Kleinkinder sitzen im Bällchenbad und juchzen vor Freude. Während der Regen draußen gegen die großen Fensterscheiben des Mombacher Turnvereins schlägt, herrscht hier drinnen, in der MTV-Kinderwelt, eine gemütliche Atmosphäre. Eltern kommen miteinander ins Gespräch, Kinder laufen über die Mattenlandschaft, springen auf dem großen Trampolin und klettern zu mehreren in die Hängematten-Schaukel. In einer Sitzecke können sich alle mit mitgebrachten Snacks stärken, und vor dem großen Fenster lädt ein Sitzsack zum Ausruhen ein.

Das Besondere an den Spiel- und Bewegungsangeboten der MTV-Kinderwelt ist, dass die Turngeräte nicht auf- und abgebaut werden müssen. »Dadurch können wir wirklich von der ersten bis zur letzten Minute mit den Kindern spielen«, sagt eine der Betreuerinnen, während sie zwei Kindern über das Klettergerüst hilft. Eine Balkenkonstruktion an der Decke ermöglicht das schnelle Anbringen zusätzlicher Geräte, zum Beispiel einer Babyschaukel für die Krabbelstunde.

Neben den Kursen für unterschiedliche Altersklassen ist die Kinderwelt an den Winterwochenenden für alle Familien geöffnet, die trotz schlechten Wetters Bewegung brauchen. Wenn die Turnstunde schließlich dem Ende zugeht und alle Kinder müde gespielt sind, muss hier niemand Matten schleppen. Nur ein paar Bällchen werden schnell noch in die Wanne zurückgeworfen.

TIPP: Bei schönem Wetter lässt es sich besonders gut auf dem Spielplatz Am Mahnes toben und turnen, der auf mehreren Ebenen für alle Altersgruppen etwas zu bieten hat (5 Minuten entfernt).

Adresse Turnerstraße 31–33, Eingang Pestalozzistraße, 55120 Mainz-Mombach, barrierefrei // **ÖPNV** Bus 60, 61, 78, Haltestelle Ortsverwaltung Mombach // **Öffnungszeiten** Kurszeiten siehe Homepage www.mombacher-turnverein.de // Kurse für Kinder ab 6 Monaten

6_DAS BAUMTELEFON

Mit Vibrationsalarm

Wie fühlt sich ein Fuchs in seinem Bau? Können Baumstämme Musik machen? Wie telefonieren wohl Eichhörnchen? Das sind Fragen, auf die Kinder und ihre Eltern auf dem Erlebnispfad des Lennebergwalds Antworten finden.

Der Walderlebnispfad unweit der Grillhütte mag auf den ersten Blick wie eine Ansammlung von Baumstämmen erscheinen, er ist aber viel mehr. Balancierstämme unterschiedlichster Art machen aus Kindern Gleichgewichtskünstler. Ein Barfußpfad und vier Fühlkisten, die nach Belieben gefüllt werden können, sensibilisieren den Tastsinn. Klangstämme und ein Waldxylophon lassen bei richtigem Anschlag eine wundervolle Waldmusik ertönen. Höhlen und Holzzelte werden schnell für wilde Rollenspiele in Beschlag genommen. Und dann ist da noch das simple, aber einprägsame Baumtelefon: Wenn man sein Ohr an einem Ende an den quer gelegten Stamm hält, kann man das leise Kratzen am anderen Ende klar und deutlich hören. So werden Eichhörnchen frühzeitig vor Mardern gewarnt.

Der Erlebnispfad kann ein gelungener Einstieg in einen ausschweifenden Waldspaziergang durch das 700 Hektar große Naturschutzgebiet sein. Der Lennebergwald wird von den Mainzern auch gern Gonsenheimer Wald genannt, in Anspielung an seine Nachbarschaft. Er erstreckt sich zu guten Teilen über eine Dünenlandschaft, mit einem Boden so sandig wie nebenan im Großen Sand. Auch die hohen Kiefern sind bemerkenswert. Entdeckt man dort oben in den Wipfeln ein Eichhörnchen, dann wird es natürlich sofort angerufen, mit Vibrationsalarm.

TIPP: Die Grillhütte am Walderlebnispfad lässt sich auch für private Zwecke mieten (www.lennebergwald.de).

Adresse Im Wald 21, 55257 Budenheim // **ÖPNV** Bus 68, Haltestelle Schloss Waldthausen // ab 3 Jahren

7_DIE BIKE KITCHEN

Gemeinsam schrauben und kochen

Im Jahr 2002 gründete sich in Los Angeles eine Fahrradselbsthilfewerkstatt, in der nicht nur gemeinsam geschraubt, sondern auch gekocht und gegessen wurde. Die erste »Bike Kitchen«, auf Deutsch Fahrradküche, war geboren. Bald darauf fand das Konzept weltweit Nachahmer und gelangte schließlich 2013 nach Mainz. Die Mainzer Bike Kitchen zieht in Ermangelung eines festen Standorts umher und verwandelt vom alten Autohaus bis zur ehemaligen Schule jeden Ort in einen geselligen Treffpunkt für Jung und Alt.

Auch in dem ehemaligen Jobcenter, in dem die Bike Kitchen derzeit zu Hause ist, herrscht donnerstagnachmittags ein fröhliches Miteinander. Kinder rennen zwischen den Werkzeugkisten hin und her, auf der Suche nach dem passenden Inbusschlüssel. In einer improvisierten Küche wird gekocht und erzählt. Radler stecken die Köpfe über ihren aufgebockten Drahteseln zusammen.

In der Bike Kitchen schraubt jeder am eigenen Fahrrad herum, wobei geübte Bastler den Anfängern bei ihren ersten Reparaturversuchen helfend zur Seite stehen. Kinder lernen hier unter anderem, ihren platten Reifen zu flicken und die abgesprungene Kette wieder aufzuziehen. Selbst die klapprigsten Drahtesel bekommen in der Bike Kitchen eine zweite Chance. Und sei es als Ersatzteilspender oder verrückte Neukreation.

Über 1.000 Bike-Kitchen-Besuche verzeichnet das Gästebuch, das neben der Spendenbox liegt. Wie viele gesparte Reparaturkosten, glückliche Radbesitzer und gemütliche Abendessen in netter Gesellschaft das sind, kann man nicht zählen.

Adresse Am Rodelberg 21, 55131 Mainz-Oberstadt // ÖPNV Tram 50, 52, 53, Bus 9, 62, 63, 66, 67, 70, 71, 75, Haltestelle Pariser Tor // Öffnungszeiten siehe www.bikekitchenmainz.de und www.facebook.com/BikeKitchenMainz // ab 4 Jahren

TIPP: Einmal im Monat trifft sich die »Critical Mass Mainz« vor dem Staatstheater. Von hier aus radeln alle im gemütlichen Tempo gemeinsam durch die Stadt, um ein Zeichen für ein fahrradfreundlicheres Mainz zu setzen (www.facebook.com/cmmainz).

8_DIE BOULDERHALLE

An die Wände, fertig, los!

Kletterschuhe an, ran an die Wand und los geht's. So einfach ist Klettern im »Blockwerk« in Mombach, einer der ersten Boulderhallen Deutschlands. Den Gründern Ilijana Arambasic-Wilson und Ormonde Wilson gefiel diese unkomplizierte Art des Kletterns, die auch für zeitknappe Besuche geeignet ist, weil das Sichern durch einen Partner und das Anlegen spezieller Gurte wegfallen.

In der großen Haupthalle auf dem Gelände der Alten Waggonfabrik zaubern Sofaecke, Kaffeebar und groovige Musik eine geradezu kuschelige Wohnzimmeratmosphäre. Menschengrüppchen unterschiedlichen Alters stehen auf den Matten und unterhalten sich über die Routen, die es nachzuklettern gilt. Dank eines ausgetüftelten Farbsystems finden sich hier selbst Kinder allein zurecht. Für sie hat das Blockwerk immer auch Routen in petto, die zu ihrer Körpergröße passen.

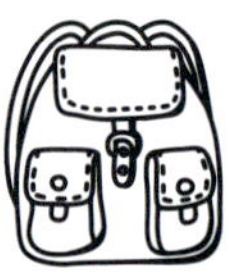

Mit dem »Ponyhof« steht Boulderern seit 2019 ein weiterer, sehr moderner Kletterraum zur Verfügung. Außerdem gibt es einen Yoga- und einen Trainingsraum, zur Schulung von Gleichgewichtssinn, Körperspannung und Motorik: alles wichtige Kletterfähigkeiten.

Bei den Kinderkursen können kleine Kletterer einen sogenannten »Boulder-Führerschein« ablegen. Dann dürfen sie mit einer erwachsenen Begleitung auch außerhalb der Kurse in die Boulderhalle und ihre Kletterfreude nach Lust und Laune ausleben – und beeindrucken die Erwachsenen nicht selten mit ihrem kindlichen Wagemut.

Adresse Hauptstraße 17–19, 55120 Mainz-Mombach // ÖPNV Straßenbahn 50, 51, Bus 60-63, 78, Haltestelle Zwerchallee/Halle 45 // Öffnungszeiten Mo–Fr 11–23 Uhr, Sa, So 9–21 Uhr, Kurszeiten siehe www.blockwerk.info, Tel. 06131/2500927 // ab 6 Jahren

TIPP: Wer einmal an der frischen Luft klettern möchte, kann das ganz in der Nähe bei der Kletterkiste tun (www.kletterkiste-mainz.de). Auch hier gibt es spezielle Kurse für Kinder.

9_DER BRANDSCHUTZ-TURM

Die ganze Stadt im Blick

Im 16. Jahrhundert, zu einer Zeit, in der viele Mainzer Familien noch am offenen Feuer in ihren Holzhäusern kochten, waren Brände keine Seltenheit. Ehe die Feuer mühsam mit Wassereimern gelöscht werden konnten, hatten sie oft verheerende Schäden angerichtet. Umso wichtiger war ein gutes Frühwarnsystem. Und so zog im Jahr 1545 der erste Türmer, eine Art menschlicher Brandmelder, in den Turm von Sankt Stephan ein.

Wenn ein Türmer auf seinem Kontrollgang hoch über den Dächern ein Feuer entdeckte, schlug er die Sturmglocke und hängte eine rote Feuerfahne aus dem Fenster, das in die Richtung des Feuers zeigte. So waren die zuständigen Bürger alarmiert und zogen mit ihren Pferdekarren zum Löschen los. Die erste organisierte Feuerwehr in Mainz wurde erst im Jahr 1849 gegründet. Bei Wind und Wetter musste der Türmer raus und alle Viertelstunde bei Tag und bei Nacht seinen Rundgang machen. Manch eine Schicht wurde von den Kindern oder anderen Familienangehörigen, die mit dem Türmer die sechs Zimmer im Stephansturm bewohnten, übernommen.

Schwindelfrei und trittsicher müssen die Kinder auch heute noch sein, wenn sie die 200 schmalen Stufen hoch zur Türmerwohnung erklimmen. Bei den Führungen, die einmal monatlich stattfinden, erfahren sie, wie die Türmer und ihre Familien hier über fast vier Jahrhunderte hinweg lebten und arbeiteten, und können selbst einen Kontrollgang von Fenster zu Fenster machen, als menschliche Brandmelder von Mainz.

Adresse Kleine Weißgasse 12, 55116 Mainz-Innenstadt // **ÖPNV** Straßenbahn 50, 52, 53, Haltestelle Am Gautor // **Öffnungszeiten** Anmeldung zur Führung über das Pfarrbüro: Tel. 06131/231640, Termine siehe www.st-stephan-mainz.de // ab 6 Jahren

TIPP: Ein Blick in das Kirchenschiff lohnt allein wegen der Chagall-Fenster, welche die Stephans-Kirche in ein überirdisch blaues Licht tauchen. Eine weitere spannende Turmführung findet in der evangelischen Christuskirche statt (www.christuskirche-mainz.de).

10_DIE BREZELFEE

Zaubert den Knoten in die Brezel

In Mainz-Kastel lebt ein zauberhaftes Wesen, das nur hervorkommt, wenn ein Kind Geburtstag feiert. Man nennt es die Brezelfee. Sie öffnet die Türen zu einem Ort, wo sich wohl jedes Kind schon einmal hingeträumt hat: in die Backstube einer Brezelbäckerei.

Schon seit über 90 Jahren ist die Bäckerei Geppert in Familienbesitz. In den 60er Jahren spezialisierten sich die Eltern des derzeitigen Bäckermeisters Markus Geppert auf das Lieblingsgebäck der Mainzer: die Laugenbrezel. In der Backstube sind alle Maschinen und Zutaten, die man für dieses knackig salzige Gebäck braucht, vorhanden. Welche das sind und was es genau mit dem »Riesenrad« und der »Mainzelmännchenmaschine« auf sich hat, erfahren die neugierigen Kinder von der Brezelfee.

Aber zuallererst zaubert diese eine Torte aus Zuckerbrezeln herbei, mit Kerzen und Ständchen für das Geburtstagskind. Außerdem werden die Kinder mit original Bäckersmützen und Schürzen ausgestattet, denn natürlich dürfen sie sich auch selbst am Brezelbacken versuchen. Dabei lernen sie den ein oder anderen Zaubertrick von der Brezelfee: wie man den Teig tanzen und fliegen lässt und wie der Zauberknoten gelingt beispielsweise. Auch sonst wird in der Backstube Geppert jede einzelne Brezel mit der Hand geschlungen. So können auf Wunsch auch andere Formen entstehen, wie Herzen oder Sterne, erzählt die Brezelfee.

Nach drei Stunden schließen sich die Türen der Backstube wieder, und die Kinder gehen satt und zufrieden nach Hause, im Gepäck die selbst geschlungene Brezel – ein Beweis, dass es sie wirklich gibt, die Brezelfee.

Adresse Mainzer Straße 21, 55252 Mainz-Kastel, www.brezelbaecker-geppert.de, Tel. 0176/81478801 // ÖPNV Bus 28, 54–57, 68, 91, Haltestelle Kastel/Bahnhof // ab 6 Jahren

TIPP: Im Verkaufsladen der Bäckerei Geppert kann man die Backwaren auch tiefgekühlt in beliebiger Stückzahl kaufen und zu Hause im Ofen frisch aufbacken. Dasselbe gilt übrigens auch für den Werksverkauf von Ditsch in Hechtsheim (www.ditsch.de).

11_DAS BROCKENHAUS

Schatzsuche im Trödelladen

Ein Stoffhund von Steiff sitzt in einer alten Waschschüssel, ein antiker Puppenwagen versteckt sich zwischen den Küchenregalen, ein Spielzeugauto parkt zwischen Nippes in einer Vitrine: Im Brockenhaus können Kinder wahre Schätze entdecken. Man braucht nur eine Prise Glück und etwas Zeit zum Stöbern, wie beim Flohmarktbesuch.

Der mehrstöckige Trödelladen in einem Hinterhof der Boppstraße ist seit über 20 Jahren Anlaufpunkt für Studenten, die ihren Hausrat günstig aufmöbeln möchten, Antiquitätensammler und Flohmarktfans. Stephan Schmidt und sein Team bekommen ihre Ware von Haushaltsauflösungen, Privatpersonen oder Bekannten. Beschädigte Möbel richten sie in der Werkstatt wieder her, wenn die Zeit reicht.

Für Kinder ist es wie eine Schatzsuche, wenn sie durch die Verkaufsräume schlendern, die knarzende Treppe auf die Empore hochsteigen oder hinunter in den Gewölbekeller. Fast immer findet sich ein besonderes Spielzeug oder eine Rarität für den Setzkasten. Und ansonsten gibt es ja noch die vielen Bücher und die große Kiste mit den bunten Stoffen.

Auch wer sein Kinderzimmer mit ein paar einzigartigen Bildern, einem Vintage-Spiegel oder einem alten Polstersessel aufhübschen möchte, ist im Brockenhaus an der richtigen Adresse. So wird die Zeit für alle kleinen Trödelfans und Schatzsucher bis zum nächsten Flohmarktbesuch nicht allzu lang, vor allem im Winter.

TIPP: Gleich um die Ecke, in der Adam-Karrillon-Straße, lockt das »Möhren Milieu« mit Köstlichkeiten und Smoothies, die nicht nur veganen Kindern schmecken (www.moehren-milieu.de).

Adresse Boppstraße 4, 55118 Mainz-Neustadt, www.brockenhaus-mz.de, Tel. 06131/612476 // **ÖPNV** Bus 9, 60, 67, 68, 76, Haltestelle Neubrunnenstraße // **Öffnungszeiten** Di – Fr 11 – 19 Uhr, Sa 11 – 16.30 Uhr // ab 4 Jahren

12_DIE BRÜCKENTÜRME

Rheinromantik mit Eisenbahn

Auf der einen Seite die grüne Mainspitze, auf der anderen zwei neugotische Brückentürme, im Wasser ein paar weiße Schwäne und Schiffe: So idyllisch kann die Rheinüberquerung sein. Dann rauscht ein Zug vorbei und erinnert die Radfahrenden und Spazierenden daran, dass sie sich auf einer Eisenbahnbrücke befinden. Und zwar auf der sogenannten Südbrücke, von Mainzern auch liebevoll »es Brüggelsche« genannt. Denn einen offiziellen Namen hat die Brücke, die Mainz nun schon seit dem 19. Jahrhundert mit der anderen Rheinseite verbindet, noch nicht erhalten.

Ob mit der S8 nach Frankfurt Flughafen oder mit der Bahn Richtung Aschaffenburg und Frankfurt, über die Eisenbahnbrücke ist so ziemlich jedes Mainzer Kind schon einmal gefahren. Seitdem 2010 der Rad- und Gehweg saniert wurde, ist die Beliebtheit der Brücke auch bei nicht motorisierten Ausflüglern und Verliebten gewachsen.

Letztere hinterlassen hier gern Liebesbeweise in Form von Schlössern, auf die Namen und Treueschwüre geschrieben oder eingraviert wurden. Die märchenhafte Kulisse der Brücke inspiriert manch ein Kind dazu, sich passende Liebesgeschichten auszudenken. Schließlich stellen die denkmalgeschützten Brückentürme, die 1862 zu dekorativen Zwecken erbaut wurden, perfekte Zufluchtsorte für verzweifelte Königskinder dar, wie sie schon in der alten Volksballade besungen wurden.

Aber egal wie tief das Wasser hier sein sollte, in dieser Geschichte werden sie zueinanderkommen, dank der namenlosen Brücke.

Adresse Victor-Hugo-Ufer, 55116 Mainz-Innenstadt, barrierefrei // ÖPNV Bus 60, 61, Haltestelle Favorite-Parkhotel // Öffnungszeiten nur von außen // ab 5 Jahren

TIPP: Für Reisende mit Fahrrad lohnt sich die Weiterfahrt bis zur Mainspitze. Hier hat man einen guten Blick auf Mainz und seine Brücken und ein paar Picknickstellen direkt am Wasser.

13_DIE DAMPFBAHN

Klein, aber oho!

Eine Dampfwolke steigt auf, ein Tuten ertönt, und schon schnauft die Lok los, hinter sich drei Waggons mit zwölf großen und kleinen Fahrgästen. Ganz schön beachtlich, wenn man bedenkt, dass diese Dampflok so klein ist, dass selbst Kinder sie »süß« finden. Eine Originaldampflok ist ungefähr acht- bis elfmal so groß wie die Modellversionen, die auf dem Vereinsgelände des »Dampfbahn-Clubs Rhein-Main« ihre Runden drehen. Deswegen setzen sich die Passagiere hier auch nicht in die Waggons rein, sondern auf sie drauf.

Bei der gemütlichen Rundfahrt über das Vereinsgelände bestaunen die Fahrgäste die Drehscheibe mit Abstellgleisen und die Tischanlage für noch kleinere gas- und spiritusbefeuerte Dampfloks. Seit der Eröffnung im Jahr 1985 arbeitet der Verein mit viel technischem Geschick daran, die Anlage auf der Mainspitze zu erweitern, und verlegte dafür seit seiner Gründung mehr als 7.500 Schwellen, erst aus Holz, dann aus Stahl. Einmal im Monat ist die Anlage für alle Besucher geöffnet. Familien kommen dann, um einen vergnüglichen Tag mit Kaffee, Kuchen und natürlich der ein oder anderen Rundfahrt zu verbringen.

Nachdem die Bahn zum zweiten Mal den Fußgängerübergang mit Andreaskreuz passiert hat, fährt sie wieder in den dreigleisigen Bahnhof ein, wo die nächsten Kinder ungeduldig auf ihren Fahrtantritt warten. Der Lokführer füttert sein Fahrzeug noch schnell mit drei Schippen Kohle und etwas Wasser, und schon macht die Lok wieder ordentlich Dampf.

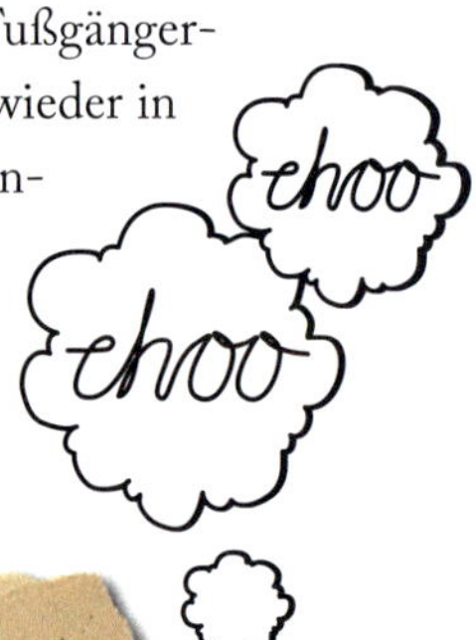

Adresse Auf der Mainspitze 21, 65462 Ginsheim-Gustavsburg, barrierefrei, www.dbc-rhein-main.de // ÖPNV Bus 54, 55, Haltestelle Am alten Fährhaus // Öffnungszeiten April–Okt. am letzten So des Monats 11–17 Uhr // ab 3 Jahren

TIPP: An den Mainwiesen können Familien schöne Spaziergänge am Rhein entlang machen und picknicken. Für Kinder gibt es einen Bolzplatz und mehrere Spielgeräte zum Austoben.

14_DER DISCGOLF-PLATZ

Einputten mit Scheiben statt Bällen

»Wofür sind eigentlich diese Körbe?«, fragen sich viele Menschen, die bei einem Spaziergang durch den Volkspark an den ungewöhnlichen Gebilden aus Metallketten vorbeikommen. »Zum Golfen«, lautet die Antwort. Allerdings wird dieser spezielle Golfplatz nicht mit Bällen, sondern mit sogenannten Discs bespielt. »Discgolf« heißt die Trendsportart aus den USA, bei der es gilt, kleine Frisbee-Scheiben mit möglichst wenigen Würfen in die Körbe zu versenken. Dafür müssen die Spielenden die Beschaffenheit der Discgolfbahn und natürliche Hindernisse, wie Bäume und Büsche, mit einkalkulieren.

Für Neulinge und Kinder bietet Discgolf genau das richtige Spieltempo: Sie können in ihrer Geschwindigkeit so viele Bahnen durchspielen, wie sie wollen, und dabei von einem für viele unerreichbaren Ass träumen, also einem Treffer beim ersten Wurf.

Seit 2002 hat der Discgolf-Parcours seinen Platz im Volkspark. Auf dem frei zugänglichen Platz können auf sechs Körben insgesamt zwölf Bahnen gespielt werden. Zu jeder Bahn gibt es auf der Homepage ein Hinweisschild, auf dem die Länge, die Höhendifferenz und der Schwierigkeitsgrad vermerkt sind.

Da der ursprüngliche Parcours aufgrund zunehmender Grillaktivitäten nicht mehr nutzbar war, wurde den Discgolf-Freunden für 2019 ein neuer Parcours auf der Nachbarwiese der Minigolfbahn zugesagt. Auch das neue Spielfeld wird nicht zu übersehen sein, fliegenden Frisbees und ungewöhnlichen Discgolf-Körben sei Dank.

TIPP: Bei der benachbarten Minigolfanlage können kleine und große Golfer Discs ausleihen und im Anschluss noch eine weitere Runde Golf mit Schlägern und Bällen dranhängen (www.minigolf-mz.de).

Adresse Volksparkgelände 1, 55131 Mainz-Oberstadt, barrierefrei, www.discgolf-mainz.de // **ÖPNV** Bus 62, 63, Haltestelle Volkspark // **Öffnungszeiten** immer // ab 5 Jahren

15_DIE DRACHENWIESE

Hier weht immer eine Brise

An einem windig-sonnigen Herbsttag kann es Spaziergängern am Kasteler Rheinufer passieren, dass sie nicht nur Menschen, sondern auch dem ein oder anderen Drachen begegnen. Die bunten Windvögel tummeln sich hier in der Luft oder warten am Boden darauf, mit einem kräftigen Zug an ihrer Leine hinaufbefördert zu werden. Meistens handelt es sich um die sogenannten Einleiner, geführt von Kinderhänden.

Gerade für Kinder ist die Wiese zwischen der Eleonorenstraße und der Uferpromenade perfekt geeignet, um einen Drachen steigen zu lassen: Sie ist weitläufig, und nur an den Rändern stehen vereinzelt Bäume. Der Platz wird gebraucht, denn die Drachenbändiger müssen oft laufen, um die Leine gespannt zu halten. Vom Rhein her weht immer ein frisches Lüftchen, das die leichten Kinderdrachen im Nullkommanix nach oben befördert.

Sollte doch einmal eine plötzliche Windflaute auftreten, sorgt der Spielplatz auf dem Gelände mit dem Spieleschiff, der Schaukel, auf der gleich mehrere Kinder hintereinander sitzen oder stehen können, und vielen anderen Geräten für Zeitvertreib. Eltern genießen den herrlichen Ausblick über den glitzernden Rhein hinweg auf die Mainzer Skyline.

Gefahrenquellen für Drachen wie Strommasten oder Hochspannungsleitungen sind auf dem Flugareal weit und breit nicht zu sehen. Kinder können hier also bedenkenlos ihre Drachen zähmen und damit den Himmel ein Stückchen bunter machen.

TIPP: Sportlichere Drachenflieger sind an der Mainspitze in Gustavsburg gut aufgehoben, wo bei optimalen Verhältnissen selbst Kitesurfer starten können.

Adresse Eleonorenstraße 4, 55252 Mainz-Kastel, barrierefrei // ÖPNV Bus 6, 9, Haltestelle Johannes-Goßner-Straße // ab 5 Jahren

16_DIE DREHFIGUR

Kombiniere, kombiniere

Vielen Eltern und Großeltern ist der »Krogufant« ein Begriff, ein Bilderbuch aus den 90er Jahren, bei dem durch Umblättern von Kopf, Bauch und Beinen verschiedener Tiere phantastische Neukombinationen entstehen. Die Spielfigur in der Feldbergstraße ist praktisch ein dreidimensionaler Krogufant zum Anfassen. Mit einem wichtigen Unterschied: Die runde, circa 1,50 Meter hohe Figur aus Holz bildet keine Tiere, sondern drei der beliebtesten Arbeitswelten kleiner Kinder ab: Feuerwehr, Polizei und Medizin.

Im Jahr 2015 wurde die Drehfigur im Zuge von Aufwertungsarbeiten entlang der Feldbergstraße aufgestellt, finanziert aus Mitteln des Förderprogramms »Soziale Stadt«. Sie ist Teil eines Spielplatzensembles für Kleinkinder mit Sandkasten und Brunnen, das in einer verkehrsberuhigten Zone kurz vor der Grünen Brücke liegt.

Als einer der wenigen ruhigen Schattenplätze der Neustadt ist das Spielareal im Sommer ein besonders guter Anlaufpunkt für Familien mit Krabbel- und Kleinkindern, die viel Freude an dem kühlen Brunnenwasser und der lustigen Drehfigur haben.

Kinderleicht lassen sich die drei übereinandersitzenden Blöcke mit Kopf, Rumpf und Beinen der Holzfigur drehen. Heraus kommt vielleicht ein »Pfleerzist« oder eine »Feulirin«. Und die Antwort auf die Was-willst-du-mal-werden-Frage könnte in Zukunft lauten: ein mit Polizeihut, Pflegerinnen-Stethoskop und Feuerwehrstiefeln für jeden Notfall gewappneter »Pogewehr«. Krogufanten-Fans wissen, was gemeint ist.

Adresse Feldbergstraße 19, 55118 Mainz-Neustadt, barrierefrei //
ÖPNV Bus 70, 76, Haltestelle Feldbergplatz/Stadtwerke Mainz //
zwischen 1 und 4 Jahren

TIPP: Der Bioladen »Natürlich« in der Josefsstraße lockt Eltern und Kinder mit einer großen Spielecke, einer leckeren Kuchenauswahl und einem sehr freundlichen Kundenservice. Wickeltisch und Kinderstuhl sind vorhanden (www.natuerlich-mainz.de).

17_DER DRUCKLADEN

Drucken wie Gutenberg

Das Betreten des Druckladens gleicht einer Zeitreise. Lange Holztische mit unzähligen Schubfächern, an denen Menschen mit langen Schürzen arbeiten, und imposante Druckerpressen aus der Zeit Gutenbergs. Diese großen Maschinen wirken Respekt einflößend. Zu Recht, wie man bei der Einführung in die Kunst des Druckens lernt. Die Einführung bekommt jeder Besucher des Druckladens, ob er unter der Woche mit einem Termin oder am Samstag ganz spontan zur offenen Werkstatt kommt. Auch aus Sicherheitsgründen, denn selbst die relativ kompakte Handhebelpresse druckt mit 200 Kilogramm, die ausladende Kniehebelpresse schon mit einer Tonne. Dafür ist die Bedienung der Pressen unvermutet leichtgängig. Schon Kinder im Grundschulalter können mit nur einer Handbewegung einen gestochen scharfen Druck produzieren.

Zwischen drei verschiedenen Papierformaten können die Kinder auswählen und aus unzähligen Motiven ihr eigenes Druckwerk zusammenstellen, auf Wunsch mehrfarbig. Neben den Mainzer Klassikern wie dem Dom und den Mainzelmännchen sind ein Feuerwehrauto und ein Wolf die beliebtesten Motive bei Kindern. Zu guter Letzt stehen außerdem ausreichend Lettern bereit, um eine schöne Überschrift oder einen markigen Spruch auf das Blatt zu zaubern.

Wen diese große Auswahl überfordert, der hat die Möglichkeit, nach Vorlagen zu arbeiten. Ob Geburtstagseinladung, Weihnachtskarte oder Poster, das Druckerzeugnis ist immer etwas Besonderes: ganz persönlich und in gewisser Weise zeitlos.

Adresse Seilergasse 1, 55116 Mainz-Innenstadt, barrierefrei, www.gutenberg-museum.de, Tel. 06131/122686 // ÖPNV Bus 60, 61, Haltestelle Fischtor // Öffnungszeiten Di–Sa 9–17 Uhr, So 11–17 Uhr // ab 6 Jahren

TIPP: Beim Familiensonntag im Gutenberg-Museum werden Führungen für Kinder ab vier Jahren mit anschließendem Drucken an einer mobilen Druckwerkstatt angeboten.

18_DER EIERAUTOMAT

Frühstücksglück auf Knopfdruck

Ein paar Münzen in den Schlitz werfen, auf den Knopf drücken und den Karton vorsichtig aus dem Fach nehmen: So geht Eierkaufen beim Spargel- und Erdbeerhof Stauder. Vor dem Hofladen steht ein Eierautomat, der Familien rund um die Uhr das ganze Jahr hindurch mit Eiern versorgt.

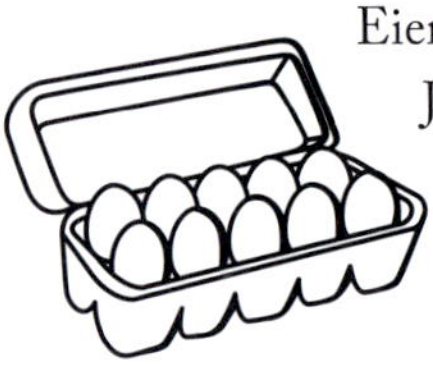

Seit 1974 ist der Familienbetrieb unter Theo Stauder stetig gewachsen. Heute baut sein Sohn Thomas Stauder Spargel und Erdbeeren auf einer Fläche von rund zwölf Hektar an, was der Größe von ungefähr 17 Fußballfeldern entspricht. Ab April liegen die ersten Spargelstangen, ab Mai die ersten Erdbeerkörbe erntefrisch im Hofladen zum Verkauf aus. Aber auch anderes Obst und Gemüse, Backwaren, Honig und Fleischprodukte können hier erstanden werden, alles von regionalen Erzeugern.

Die feinen, selbst gemachten Aufstriche aus hofeigenen Erdbeeren können sich Kunden auch direkt aus dem gekühlten Eierautomaten holen. Die Eier gibt es in verschiedenen Gewichtsklassen und Tönungen aus Boden- und Freilandhaltung. Sie stammen von regionalen Hühnerhöfen. Außerdem versteckt der Osterhase auch gern mal ein paar bunte Eier im Automaten, wenn es auf die Festtage zugeht. Kinder haben hier beim Suchen leichtes Spiel und großen Spaß an diesem etwas anderen Eiereinkauf.

Und dem sonntäglichen Familienbrunch mit Erdbeermarmelade, Rühr- oder Spiegelei steht dank Stauders Automaten nichts mehr im Wege, erst recht keine lästigen Geschäftszeiten. Denn der Eierautomat kennt keine Feiertage.

Adresse Am Heckerpfad 26, 55128 Mainz-Bretzenheim, barrierefrei, www.hofladen-stauder.de // ÖPNV Bus 75, Haltestelle Vor der Frecht

TIPP: Gleich nebenan können Familien in die Straußwirtschaft des Hofguts Weyer einkehren, mit Spielecke für Kinder im Außenbereich und rheinhessischen Köstlichkeiten auf der Karte (hofgut-weyer.de).

19_ DIE EISBAHN

Flitzen unter freiem Himmel

Mit Schlittschuhen über das Eis flitzen, um sich herum bunte Lichter und den Geruch von frischen Waffeln in der Nase: So sieht für viele Kinder die perfekte Winterwelt aus. Alle Jahre wieder wird diese Traumvorstellung auf dem Hofgut Laubenheimer Höhe Wirklichkeit.

Viele Familien kennen das Hofgut schon als Ausflugsziel im Sommer: Hier kann man im Hofgarten bei Wein und frisch Gegrilltem den Ausblick über Rheinhessen genießen, während sich die Kinder auf dem Spielplatz und in der Hüpfburg austoben. Doch von November bis Januar macht der Hofgarten einer stimmungsvollen Winterwelt Platz: mit Lichterketten, Tannenbäumen und einer ganz besonderen Eisbahn. Die 500 Quadratmeter große Bahn ist die einzige Freiluftbahn der Stadt und die höchst gelegene des ganzen Rhein-Main-Gebiets.

Dann schnallen sich die Kinder ihre Schlittschuhe an und wagen sich aufs Eis, manche noch sehr wackelig an den Händen ihrer Eltern. Andere ergattern einen der heiß begehrten Pinguine, die ihnen bei den ersten Eislaufversuchen den nötigen Halt geben. Nebenan können sich Gäste im Eisstockschießen versuchen. Für Hungrige stehen Holzbänke und Buden bereit, in denen Waffeln, Pommes und Punsch verkauft werden.

Wenn schließlich der Mond aufgeht, verabschieden sich die Kinder schweren Herzens von der Laubenheimer Winterwelt. Nur gut, dass sie, wie die Weihnachtszeit, alle Jahre wiederkommt.

Adresse Zur Laubenheimer Höhe 1–3, 55130 Mainz-Laubenheim, Tel. 06131/622260 // **ÖPNV** Bus 64, Haltestelle Hofgut Laubenheimer Höhe // **Öffnungszeiten** siehe www.hofgut-laubenheimer-hoehe.de // ab 3 Jahren

TIPP: Für sportlich ambitionierte Schlittschuhläufer ist die Eishalle am Bruchweg genau das Richtige, mit Eishockey, Schlägerlauf und noch vielem mehr (www.eishalleambruchweg.de).

20_DER ENTENTEICH

Köpfchen in das Wasser

Zwischen Kleingärten und Äckern am Tiefentaler Weg liegt ein Teich, der bei Bretzenheimern gemeinhin als »der Ententeich« bekannt ist. Die Namensgebung erschließt sich den Besuchern sofort, wenn sie über den asphaltierten Weg auf den Teich zugehen. Im Normalfall watscheln dort gleich mehrere dieser Wasservögel, die jedes Kind aus Büchern und Liedern kennt, am Ufer entlang.

Im Frühjahr sind ganze Entenfamilien unterwegs: die Erpel mit ihrem schillernden Prachtkleid, die Entenmütter mit einem Gefolge aus plüschigen, gelbbraun gefiederten Küken. Kommt Besuch, lotsen die Mütter die Kleinen schnell ins Wasser und verschwinden in Sicherheit, hinter die großen Schilfhalme. Dass die Enten bei dem Anblick von Menschen das Weite suchen, zeigt, dass sie hier nicht häufig gefüttert werden, was sowohl den Tieren als auch dem Gewässer zugutekommt.

Vogelfreunde können es sich auf der Bank direkt am Teich bequem machen, den Anblick des glitzernden Wassers und die Geräuschkulisse von Vogelstimmen und raschelndem Schilf genießen. Ihre Geduld wird mit Sicherheit mit dem Blick auf weitere Vogelarten belohnt: Blässhühner mit schwarzem Gefieder und weißem Schnabel trauen sich in Ufernähe, Stockenten fliegen pfeilschnell durch die Luft und landen elegant auf dem Wasser. Kleine Kinder schauen den Enten gebannt beim Gründeln zu und entdecken, was es mit dem »Schwänzchen in die Höh'» auf sich hat.

TIPP: Die Vogelsuche geht weiter: Auf dem großen Spielplatz Am Ostergraben/In der Klauer, zwei Straßen weiter, haben sich lustige Raben versteckt. Wer findet sie?

Adresse Tiefentaler Weg, 55128 Mainz-Bretzenheim, barrierefrei // **ÖPNV** Straßenbahn 51, 53, Bus 57, Haltestelle Ludwig-Nauth-Straße // ab 2 Jahren

21_ DER ESCAPE ROOM

Wer kann das Rätsel lösen?

Ein blauer Diamant von unschätzbarem Wert wurde gestohlen. Nur eine Gruppe von mutigen Kindern, die sich an der Hotelrezeption eingefunden hat, kann Sherlock Holmes helfen, den Dieb zu überführen. Mit logischem Denken, Geschicklichkeit und Teamgeist schaffen sie es hoffentlich, den »Blauen Karfunkel« seiner rechtmäßigen Besitzerin zurückzubringen. Dass sie sich nicht wirklich im »Hotel Cosmopolitan«, sondern in einem ehemaligen Bürogebäude in Mainz-Kastel befinden, spielt dabei keine Rolle.

Solche »Live Escape Room Games«, bei denen die Spieler in einem realen Setting versteckte Hinweise finden und Rätselaufgaben lösen müssen, werden inzwischen in ganz Deutschland angeboten. Den »Escape Artist« in Mainz-Kastel zeichnet aus, dass er, inspiriert von russischen Escape Rooms, fast vollständig auf die oft hakeligen mechanischen Schlösser verzichtet. Circa drei Kilometer Kabel pro Raum wurden für Lichtschranken, Wärmesensoren und andere technische Finessen verlegt.

Ein Spielleiter behält die Spieler über die im Raum installierten Kameras immer im Blick. Und wenn die Gruppe bei der Lösung eines Rätsels Hilfe braucht, gibt er den Spielern Hinweise über die Lautsprecher. So kommen schon Grundschulkinder dem Dieb auf die Spur. Und wenn die Stunde, die sie dafür Zeit haben, allzu schnell verfliegt, muss sich die Gräfin von Morcar eben bis zum nächsten Besuch der kleinen Detektive gedulden, um ihren geliebten blauen Diamanten wieder in den Händen zu halten.

TIPP: Weitere Escape Rooms in Mainz gibt es von »exit experience« in Mombach und Laubenheim, wo Kinder bis einschließlich zehn Jahren in Begleitung von mindestens zwei Erwachsenen kostenfrei mitspielen (www.exit-experience.de).

Adresse Schmalweg 50, 55252 Mainz-Kastel // **ÖPNV** Bus 28, 33, Haltestelle Otto-Suhr-Ring // **Öffnungszeiten** buchen unter www.escape-artist.de, Tel. 0162/9391732 // ab 6 Jahren mit Begleitperson

22_DIE FAHRRAD-FÄHRE

Mit Philipp auf die andere Rheinseite

Philipp ist gelb und ganz schön kräftig. Gleich mehrere Familien und ihre Fahrräder kann er über den Rhein tragen. Und trotzdem ist Philipp unter Seinesgleichen ein eher schmächtiger Geselle. Denn anders als die eindrucksvollen Autofähren transportiert das gelbe Bötchen nur Fahrräder und Personen zwischen Budenheim und Walluf hin und her.

Philipp, die Fahrradfähre, gehört dem Familienunternehmen »Nikolay«, welches schon in der fünften Generation Schifffahrt auf dem Mittelrhein betreibt. Den Rheinübergang zwischen Budenheim und Walluf gibt es aber schon bedeutend länger.

Im Mittelalter transportierten Ruderboote die sogenannten Leinereiter, die Schiffe flussaufwärts zogen, nach Budenheim, von wo sie an der Innenseite des Rheinbogens weiterreiten konnten. Seit dem Bau der Schiersteiner Brücke im Jahr 1962 wird die Fährverbindung kaum noch für »Arbeiterfahrten« in Anspruch genommen.

Heute ist die Personenschifffahrt am Mittelrhein auf Ausflugsfahrten spezialisiert. Und standen im 18. Jahrhundert noch Pferdewagen, Ochs und Schwein auf der Preisliste für die Fähre, sind es heute Fahrradanhänger, Kind und Hund. Eltern freuen sich, dass sie die engen Radwege auf den viel befahrenen Brücken vermeiden können. Und für Kinder ist die spannende Überfahrt mit Philipp, der Fahrradfähre, das Highlight jeder Fahrradtour.

Adresse Isola-della-Scala-Platz, 55257 Budenheim, barrierefrei, www.schifffahrt-nikolay.de, Tel. 06139/378 // **ÖPNV** Bus 68, Haltestelle Budenheim Bahnhof // **Öffnungszeiten** Fahrzeiten Mai – 3. Okt. So 10 – 18.15 Uhr

TIPP: Am Fähranleger Budenheim verkürzen ein schöner Spielplatz mit Piratenboot, Karussell und vielem mehr, sowie ein Kiosk mit Biergarten eventuelle Wartezeiten bis zur nächsten Fähre.

23_Der Fastnachts-brunnen

Ein Fastnachtsumzug für Familien

Am Schillerplatz, wo das ganze Jahr hindurch der Fastnachtsbrunnen an die fünfte Jahreszeit erinnert, rufen sich einmal im Jahr kostümierte Familien »Helau!« entgegen, denn hier zieht der Jugendmaskenzug entlang, der größte Fastnachtsumzug für Kinder und Jugendliche Europas.

Der Jugendmaskenzug ist seit 1957 fester Bestandteil des Mainzer Fastnachtstreibens. Im Jahr 2019 liefen mehr als 3.600 Menschen mit. Schulen, Kindergärten, Jugendorganisationen, Musikkapellen und Schwellköppe – hier sind fast alle, im Gegensatz zum Rosenmontagsumzug, zu Fuß unterwegs. Das macht Sinn, bei so vielen hibbeligen Kindern in der Zuschauermenge. Auch wird am Jugendmaskenzug mehr Konfetti als Kamelle geworfen. Doch gute Fänger werden trotzdem ihre Münder vollkriegen.

Ist der Zug vorbei, bleiben immer noch die Schwellköppe und die Gaukler aus Bronze, die auf dem Fastnachtsbrunnen ihr Unwesen treiben. Über 200 Figuren tummeln sich auf dem fast neun Meter hohen Turm, der im Jahr 1967 nach einem Entwurf des Künstlers Blasius Spreng fertiggestellt wurde. Seitdem setzt er der Lebensfreude der Mainzer Bürger und Bürgerinnen ein imposantes Denkmal.

Kinder laufen im Sommer durch das kühle Brunnenwasser unter dem Turm hindurch, entdecken groteske und phantastische Wesen und träumen sich schon einmal in die nächste Fastnacht, wenn kleine und große Narren zum Jugendmaskenzug den Schillerplatz in eine kollektive Kinderkarnevalsparty verwandeln.

Adresse Schillerplatz, 55116 Mainz-Innenstadt // ÖPNV Bus 28, 54–57, 60–63, Tram 50, 52, 53, Haltestelle Schillerplatz // Öffnungszeiten siehe www.jugendmaskenzug.de

TIPP: Wunderschöne Accessoires für kleine Narren gibt es immer wieder bei »Oh Kiddo« in der Gaustraße (www.oh-kiddo.de).

24_DAS FASTNACHTS-MUSEUM

Den Schwellköpp' auf der Spur

Das fröhlich tanzende Bronzekind am Eingang ist eine gute Einstimmung auf das, was Familien im Proviantmagazin erwartet. Denn im Gewölbekeller des ehemaligen Militärbaus dreht sich alles um das größte Mainzer Volksfest, die Fastnacht.

Das Fastnachtsmuseum wurde 2017 frisch renoviert und bietet auf kleinem Raum große Unterhaltung für Kinder. Direkt am Eingang wartet eine Spielecke auf sie, mit Videos vom Jugendmaskenzug, einem großen Puzzle aus Schaumstoffwürfeln und einer Kiste voller Kostüme. Ein bunter Teppich bildet die Wege der Fastnachtsumzüge ab, die sich mit bereitstehenden Spielzeugautos nachfahren lassen.

Doch der Spaß ist hier noch nicht zu Ende. In den weiteren Ausstellungsräumen stößt man auf die wunderbarsten Gegenstände: original Schwellköppe und ein Eulenfass, das Geräusche einer Fastnachtssitzung von sich gibt. Auch das oft besungene »Heile, heile Gänsje« ist neben vielen anderen typischen Gegenständen der Mainzer Fastnacht ausgestellt.

Fühlt man sich dann vor lauter Kappen, Zugplaketten und Fastnachtsorden ganz närrisch, ist es Zeit, sich den Frageboxen zu stellen: Was ist eine Haubensitzung? Was eine Narhalla? Kinder kommen hier auf die witzigsten Antworten.

Nach dem Besuch des Fastnachtsmuseums ist man auf jeden Fall um einiges schlauer, und die Kinder freuen sich schon auf die fünfte Jahreszeit, wenn gesungen, gelacht und natürlich getanzt wird.

TIPP: Gegenüber vom Fastnachtsmuseum befindet sich ein schöner Spielplatz zum Austoben, mit Klettergerüst und viel Sand zum Buddeln.

Adresse Neue Universitätsstraße 2, 55116 Mainz, barrierefrei über das PMG-Parkhaus Schillerstraße, www.mainzer-fastnachtsmuseum.de, Tel. 06131/1444071 // ÖPNV Bus 28, 54–57, 60–63, Tram 50, 52, 53, Haltestelle Schillerplatz // Öffnungszeiten Di–So 11–17 Uhr // ab 3 Jahren

25_DAS FERNSEH-STUDIO

Ein Blick hinter die Kulissen

»Das sieht ja gar nicht aus wie im Fernsehen«, finden die Fans der Kindernachrichtensendung »logo!«, wenn sie das quietschgrüne Fernsehstudio sehen. Bei den kostenlosen Führungen durch das ZDF-Sendezentrum auf dem Mainzer Lerchenberg erfahren Familien, wie es hinter den Kulissen des Fernsehens eigentlich aussieht.

Im Jahr 1964 siedelte sich der öffentlich-rechtliche Sender hier an, nachdem es am ersten Drehort, einem alten Bauernhof in Eschborn, zu ungemütlich wurde. In dem runden Studiogebäude, das an das Mainzer Rad erinnern soll, ist vom Bauernhof-Flair nichts mehr übrig: Regieräume voller Bildschirme gehören hier genauso zur Grundausstattung wie mit Scheinwerfern vollgehängte Studios. Schließlich muss jede Person von mindestens vier Seiten beleuchtet werden, um auf dem Bildschirm gut rüberzukommen.

Auch die Ausstattung des wohl bekanntesten Freiluftstudios, dem »ZDF-Fernsehgarten«, ist eindrucksvoll: Mit Pool und Bar haben die 4.000 Menschen, die sich hier sonntags einfinden, einen phänomenalen Blick über Mainz.

In einer Nachbildung der »Green-Box«, beim ZDF auch liebevoll die »Grüne Hölle« genannt, erfahren die Besucher, was es mit der grünen Farbe auf sich hat. Hier haben Kinder außerdem die Möglichkeit, selbst einmal vor die Kamera zu treten und sich als Nachrichtenmenschen von »logo!« zu versuchen. Und siehe da, mit Computergrafiken und Animationen sieht es aus wie im Fernsehen.

TIPP: Für alle, die bei dem Kultevent mal live dabei sein möchten: Die Stehplatzkarten für den »ZDF-Fernsehgarten« sind für Kinder unter sechs Jahren gratis (www.zdf.de).

Adresse ZDF-Straße, 55127 Mainz-Lerchenberg, barrierefrei // **ÖPNV** Bus 66, 71, 75, Haltestelle Medienberg // **Öffnungszeiten** Termine für Führungen auf www.zdf-service.de/fuehrungen-mainz, Tel. 06131/7014972 // ab 8 Jahren

26_DIE FLOTTE LOTTE

Zieht unermüdlich ihre Kreise

Die Flotte Lotte ist eine Institution im Mainzer Volkspark. Manche Omas und Opas, die ihr Enkelkind heute begleiten, saßen selbst schon als »Meedsche« oder »Bub« in ihren Abteilen. Seit 1964 dreht die mit Gas betriebene Bimmelbahn ihre Runden durch den Park. Herbert Richter, der Besitzer des damaligen Edeka-Ladens im Volkspark, kaufte sie für 120.000 Deutsche Mark. Im Jahr 1991 übernahm Aldo Zanardelli die kleine Bahn und steckt seitdem sein ganzes mechanisches Geschick und Herzblut in ihre Erhaltung und Verschönerung.

Trotz des Namens legt die Mainzer Parkbahn ein eher gemütliches Tempo vor, wenn sie mit ihren sieben Anhängern, beladen mit jeweils bis zu vier Personen, loszockelt. Auf der Rundfahrt durch den Park gibt es immer viel zu sehen: Großfamilien beim Grillen, fußball- und frisbeespielende Teams, Menschen, die sich sonnen und Musik hören. Kommt jemand den Schienen zu nahe, ertönt ein heller Sirenenton vom Führerhäuschen. Die Sirenenlichter der Lok sind am besten in dem Tunnel zu sehen, durch den die Bahnstrecke führt. Der Tunnel ist gleichzeitig eine Garage, in der sich die Flotte Lotte nach getaner Arbeit ausruhen kann.

Nach circa fünf Minuten Fahrtzeit ist die Haltestelle erreicht. Nun ziehen die Kinder weiter zum Wasserspielplatz oder zum Piratenschiff. Oder sie fahren noch eine Runde, denn auch wenn die Flotte Lotte immer die Alte bleibt, ist doch jede Fahrt mit ihr ein einzigartiges Erlebnis.

Adresse Göttelmannstraße, 55131 Mainz-Oberstadt // ÖPNV Bus 62, 63, Haltestelle Volkspark // Öffnungszeiten bei gutem Wetter Sa und So 6–18 Uhr

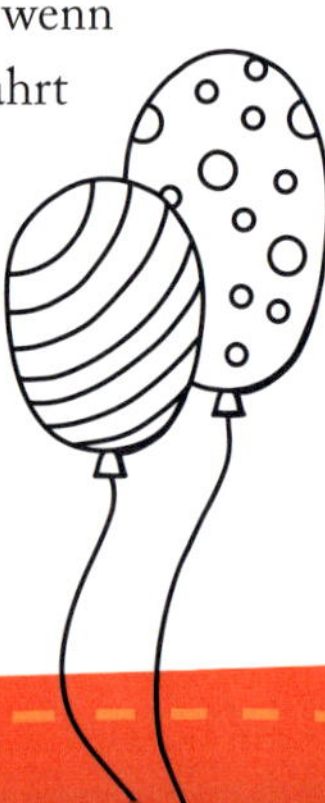

TIPP: Das »Café Vivo« im Volkspark bewirtet seine Gäste drinnen und draußen im Biergarten. In den Pavillons kann man sich außerdem mit Eis, Pommes und Getränken versorgen. Kinderstühle und Wickeltisch sind vorhanden (www.cafe-vivo.de).

27_DER FLUGPLATZ

Was fliegt denn da?

Schon vom Parkplatz aus hört man das Brummen der Propeller. Ein Schild warnt die Gäste vor rollenden Flugzeugen auf dem Gelände. Aber Kinder kommen dann doch ganz nah und gefahrenfrei dran, an das Fluggeschehen auf dem Flugplatz Finthen.

Ursprünglich im Zweiten Weltkrieg für Nachtjagdflugzeuge errichtet, wird der Platz heute hauptsächlich für Ausbildungsflüge genutzt. Außer den Flugschülern starten und landen in Finthen noch Rettungs- und Polizeihubschrauber, Geschäftsflieger und hin und wieder ein Promi, der für das ZDF anreist.

Besucher dürfen bis zu einer gelben Linie am Eingang zum Rollfeld gehen. Von hier aus haben sie eine gute Sicht auf die Flugzeuge, die vor dem Start gecheckt oder nach der Landung geparkt werden. Die Start- und Landebahn überblicken sie am besten von der großzügigen Terrasse des Towergebäudes, die von der Gastronomie »Tower One« bewirtschaftet wird.

Flugzeugfans wird hier einiges geboten, denn der »EDFZ« ist mit rund 20.000 Flugbewegungen der am stärksten frequentierte Flugplatz in Rheinland-Pfalz. Im Minutentakt sieht man Flugzeuge, Motorsegler und Tragschrauber scheinbar schwerelos abheben und elegant hinabgleiten. Allein vom Zuschauen kribbelt es im Bauch.

Doch nicht nur Maschinen erheben sich hier in die Lüfte. Auch bedrohte Vogelarten wie der Kiebitz und der Wiedehopf haben auf dem umzäunten Gelände, das inzwischen Naturschutzgebiet ist, ein Zuhause gefunden. Ob Zugvogel, Segelflugzeug oder Gyrocopter, im Himmel über Finthen ist immer etwas los.

Adresse Am Finther Wald, 55126 Mainz-Finthen, barrierefrei, www.lfv-mainz.de // ÖPNV Bus 56, Haltestelle Layenhof // Öffnungszeiten nur von außen // ab 3 Jahren

TIPP: Wer gern einmal einen richtigen Rettungshubschrauber starten und landen sehen möchte, hat im Park der Universitätsmedizin eine gute Sicht auf den gelben ADAC-Hubschrauber Airbus H145 namens »Christoph 77«.

28_DAS FUSSBALL-RESTAURANT

Karamellpudding zwischen Fan-Schal und Pokal

Bunte Fan-Schals, glitzernde Pokale, signierte Mannschaftsbilder: Fußballfans jeden Alters fühlen sich augenblicklich wohl, wenn sie das portugiesische Restaurant UDP betreten. Dies ist die Heimat des Fußballvereins »União Desportiva Portuguesa«, kurz UDP, der 1969 in Mainz gegründet wurde.

Doch in dem vollen Gästeraum tummeln sich nicht nur Fußballfans. Viele Leute kommen wegen der portugiesischen Spezialitäten: Die frittierten Kartoffelscheiben »Batata a Rodelas«, der gebackene Stockfisch »Bacalhau« und der hausgemachte Karamellpudding »pudim caseiro« lassen einem das Wasser im Mund zusammenlaufen. Falls das den Kleinen zu exotisch ist, steht auch eine Auswahl an Kindergerichten zur Verfügung. Und zum perfekten Nachtisch reicht ein Griff in die Eistruhe. Für die allerkleinsten Besucher stehen Kindersitze und ein Wickeltisch parat.

Das »UDP Restaurante«, das seit 2006 von der Familie da Silva geleitet wird, ist ein Ort, der lebt. Das spürt und hört man: Bis spätabends laufen Kinder durch die Gänge, auf dem großen Flachbildschirm werden Fußballspiele übertragen und von den Zuschauern kommentiert, es herrscht ein Stimmengewirr aus Portugiesisch, Deutsch und anderen Sprachen. Diese Lebendigkeit ist in der Mainzer Gastrowelt einzigartig. Ebenfalls einzigartig ist die Decke, von der ein Fußballfeld mit echten Toren und Bällen hängt. Satte Fußballfans brauchen sich also nur zufrieden zurückzulehnen und an die Decke zu schauen, um sich in ein Spiel hineinzuträumen.

Adresse Mombacher Straße 38b, 55122 Mainz-Mombach, barrierefrei, udp-mainz-restaurante.de, Tel. 06131/373214 // ÖPNV Bus 28, Haltestelle Goetheunterführung // Öffnungszeiten Di–Fr 18–22.30 Uhr, Sa, So 12–15 und 18–22.30 Uhr

TIPP: Immer samstags kickt die Bunte Liga Rheinhessen um die Ecke, auf dem Goetheplatz. Die Stimmung am Spielfeldrand ist ausgelassen, und für fußballbegeisterte Kinder ist es die Gelegenheit, Freizeitfußballern aus der Region beim Spielen zuzuschauen (www.rheinhessen.die-bunte-liga.de).

29_DAS GONSBACHTAL

Naturidyll mit Fahrradweg

Wo einst ein schnurgerader Betonkanal entlanglief, schlängelt sich heute ein glasklarer Bach durch grüne Auen. Im Jahr 2013 wurde die Renaturierung des Gonsbachtals zwischen Mainzer Straße und dem Rückhaltebecken Lungenberg eingeleitet. Schon heute hat sich die Natur die ehemals gewerblich und landwirtschaftlich genutzten Flächen größtenteils zurückerobert: Der Gonsbach sucht sich nun seinen Weg vorbei an Schilf und Wasserminze. Er verwandelt die Wiesen in ein Feuchtbiotop, in dem sich Graureiher, Sumpfdotterblumen und auch Familien wohlfühlen.

Der Gonsbach entsteht in Finthen aus dem Zusammenfluss von Aubach und Königsbornbach. Er fließt vorbei an Gonsenheim und Mombach, wo er im Untergrund verschwindet und erst in der Neustadt wieder zutage tritt. Am Zoll- und Binnenhafen mündet der Gonsbach in den Rhein. Die Fahrradstrecke zwischen Sankt Stephan und den Gonsbachterrassen bietet Familien besonders schöne Ausblicke auf den renaturierten Bachlauf. Die Auenlandschaften an der Nonnenwiese laden dazu ein sich auszuruhen und barfuß über die großen Bachkiesel zu balancieren. Über kleine Fußgängerbrücken können auch Fahrradfahrer bequem von einer Uferseite zur anderen wechseln.

Infotafeln klären Ausflügler über die Renaturierungsmaßnahmen auf und berichten von Ausgrabungsfunden. Überbleibsel eines befestigten Bachbettes weisen darauf hin, dass schon die Römer versuchten, den Gonsbach einzudämmen. Eingestürzte Mauern und weggeschwemmte Säulenteile zeigen, dass er sich auch damals nicht bändigen ließ.

Adresse An der Nonnenwiese 45, 55122 Mainz-Gonsenheim, barrierefrei // **ÖPNV** Bus 68, Haltestelle An der Nonnenwiese

TIPP: Im »Gonsbachlädchen« in der Klosterstraße verkauft die Familie Strack hofeigene Beeren und selbst gepresste Öle in Bioqualität. Kinder kommen hier gern hin, um das Bienenvolk und die Kaninchen im Innenhof zu beobachten (www.gonsbachlaedchen.de).

30_DIE GRÄBER-STRASSE

Wie die Römer lebten – und starben

Das Glashaus am Bettelpfad, Ecke Göttelmannstraße, gibt Kindern ein Rätsel auf: Wer hat hier, mitten in Weisenau, lauter alte Tontöpfe liegen lassen? Die kurze Antwort lautet: die Römer. Das Glashaus stellt römische Gräber und eine Töpferei aus, wie sie an dieser Stelle bei den Ausgrabungen zwischen 1982 und 1992 gefunden wurden.

Vor gut 2.000 Jahren, als Mainz noch Mogontiacum genannt wurde, erstreckte sich zwischen den beiden Militärlagern am Kästrich und in Weisenau die Via Sepulcrum. Direkt an der belebten Straße wurden römische Soldaten wie auch Zivilisten bestattet. So erhofften die Römer sich, auch nach dem Tod nicht in Vergessenheit zu geraten.

Besonders bei gutem Wetter lohnt sich der Besuch dieses kleinen Outdoor-Museums. Dann lädt die grüne Wiese daneben zum Verweilen und Picknicken ein. Große Bilder veranschaulichen den Kindern die antiken Bestattungsbräuche und lösen auch das Rätsel um die Amphoren: Hergestellt in einer der vielen Töpferwerkstätten, die an der Via Sepulcrum angesiedelt waren, wurden in ihnen Grabbeigaben für die Toten, beispielsweise Datteln und Oliven, aufbewahrt. Und wer weiß? Dass die Tongefäße immer noch hier liegen und von der jungen Generation neugierig beäugt werden, bewahrt die antike Zivilisation der Römer vielleicht wirklich davor, in Vergessenheit zu geraten.

TIPP: Von hier aus können Familien eine Fahrradtour durch den Volkspark und den Grüngürtel bis zum Römischen Theater und zum Drusussstein an der Zitadelle unternehmen, zwei ebenfalls eindrucksvolle Zeitzeugen römischer Zivilisation.

Adresse Bettelpfad 41, 55130 Mainz-Weisenau // ÖPNV Bus 62, 63, 65, Haltestelle Alter Friedhof // ab 5 Jahren

31_DAS GRILLUFER

Bratwurst mit Rheinblick

Der Duft einer Grillwurst von links, die Klänge einer Gitarre von rechts und den Rhein direkt vor der Nase – so lässt sich ein lauer Sommerabend auf der Wiese am Winterhafen beschreiben, ein Grillplatz mit besonderem Flair.

Für grilllustige Familien, die zu Hause nicht den nötigen Platz haben, um ordentlich anzufeuern, sind in Mainz einige offizielle Grillplätze ausgewiesen. Das können überdachte Grillhütten mit Sitzplätzen sein (wie im Lennebergwald) oder Wiesen, auf denen man seinen mitgebrachten Grill aufstellen darf, wie im Uferbereich des Winterhafens.

Über eine der ältesten noch erhaltenen Drehbrücken Deutschlands (eröffnet im Jahr 1877) erreichen Fußgänger die Mole des kleinen Hafens, in dem Segel- und Motorboote des Mainzer Jachtclubs überwintern. Ein Weg führt von dem Biergarten »Mole« bis zum Restaurant »Bootshaus«. Der Wiesenstreifen daneben ist leicht abschüssig zum Rhein hin. Hier weht immer ein frisches Lüftchen, und einige große Bäume sorgen für Schatten, sodass man auch an heißen Tagen beim Grillen nicht allzu sehr ins Schwitzen kommt.

Kinder turnen zwischen zwei Bratwürsten auf der bronzenen Bootskulptur herum, die über eine Leiter sehr gut geentert werden kann. In dem Sand, der das Boot umgibt, können kleinere Kinder prima buddeln. Es lohnt sich, Schaufel und Eimer mitzubringen. Dann steht einem entspannten Grillgelage mit Ausblick auf den Rhein nichts mehr im Wege.

TIPP: Der zweite Grillplatz am Rhein befindet sich hinter der Theodor-Heuss-Brücke (Höhe Schlosstor/Kurfürstliches Schloss) an der sogenannten Holzschlepprampe und ist für Bewohner der Neustadt gut erreichbar.

Adresse Victor-Hugo-Ufer 1, 55116 Mainz, barrierefrei // **ÖPNV** Bus 60, 61, Haltestelle Holzturm/Malakoff-Passage

32_DAS HIGH-TECH-KLO

Stilles Örtchen für Weltraumfans

Was ist da für ein schillernder Kubus auf dem Münsterplatz gelandet? Ist es ein Meteorit? Oder etwa ein Raumschiff? Nein, es handelt sich um ein Klohäuschen, und zwar das modernste Klohäuschen der Stadt. 2018 wurde die öffentliche Toilette im Zuge der Umgestaltung der Bahnhofstraße von dem Architektenbüro »Schoyerer Architekten_Syra« entwickelt. Das Edelstahldach überschirmt gleichzeitig die Bushaltestelle und verteilt mit seiner gebrochenen Oberflächenstruktur das Sonnenlicht in alle Richtungen.

Doch das ist nicht der einzige Lichteffekt, der dieses Bauwerk zum strahlenden Mittelpunkt des Münsterplatzes macht. Das Klohäuschen ist mit einer faszinierenden Folienverglasung umhüllt, die je nach Lichteinfall farblich changiert. Kinder werden nicht müde, um den Block herumzulaufen und ihr eigenes Spiegelbild in immer neuen Farbverläufen zu bestaunen.

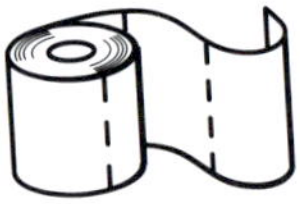

Wer die Unisextoilette aus rein praktischen Gründen aufsucht, wird im Inneren von einer Hightech-Ausstattung empfangen: Die Toilettenschüssel und der Fußboden werden automatisch nach Benutzung gereinigt, und die Auslässe am Waschbecken für Wasser, Seife und Trockner sind bewegungsgesteuert. Das begeistert Star-Trek- und Hygiene-Fans gleichermaßen.

Über die beidseitigen Haltegriffe neben der Kloschüssel und den großen und stabilen Wickeltisch freuen sich auch die kleinsten Besucher. Und wenn die Tür des Klohäuschens am Ende sanft zur Seite gleitet, ist es fast wie an Bord eines Raumschiffs.

Adresse Münsterplatz, 55116 Mainz-Innenstadt, barrierefrei // ÖPNV Straßenbahn 50, 52, 53, Bus 6, 54–57, 60–65, Haltestelle Münsterplatz // Öffnungszeiten immer geöffnet //

TIPP: Auch bei »Wirth – dem Kinderladen« am Münsterplatz gibt es einen öffentlich zugänglichen Wickelplatz und fünf Etagen voller Spielzeuge, Bücher, Kinderkleidung und Babyausstattung.

33_DIE HOCHFLUR-BAHN

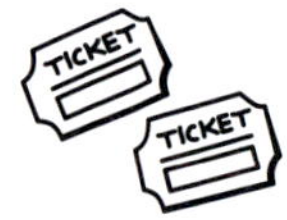

Mit der Tram zurück in die 90er

Am Zollhafen steht sie und wartet auf ihre Fahrgäste, die kleine Bahn der Linie 59. Schon von außen sieht man ihr an, dass sie nicht mehr die Jüngste unter den Straßenbahnen ist. 1984 verließen sie und ihre Schwestern die Hallen ihrer Mutterfabrik Duewag-Siemens. Seitdem gehören sie zum Mainzer Stadtbild, allen Modernisierungen der Mainzer Verkehrsgesellschaft (MVG) zum Trotz.

Die Fahrt mit der Tram des Typus M8C ist wie eine Zeitreise. Schnell haben Kinder die Stufen erklommen und steuern die komfortablen, mit einem Tischchen ausgestatteten Sitzgruppen an. Auf senfgelben Sitzpolstern atmen die Passagiere das Flair der 90er. Von den Plätzen der Hochflurbahn haben Kinder eine gute Sicht nach draußen. Auf der Strecke der Linie 59 vom Zollhafen bis nach Bretzenheim gibt es viel zu sehen: die Feuerwehrwache an der Rheinallee, die Neustadt mit den vielen Geschäften und Kiosken, die Züge am Hauptbahnhof und schließlich den Campus der Universität.

Auch auf den Linien 50, 51 und 53 zwischen Finthen und Lerchenberg sind die Hochflurbahnen regelmäßig unterwegs. In den Fahrplänen sind ihre Fahrtzeiten mit einem schwarzen Punkt gekennzeichnet, damit Rollstuhlfahrende und Kinderwagenschiebende die Bahnen und deren Treppenstufen vermeiden können. Ja, die M8C ist eine alte Dame mit all ihren Macken und Marotten, doch kleine Kinder lieben sie wie Jim Knopf seine Emma.

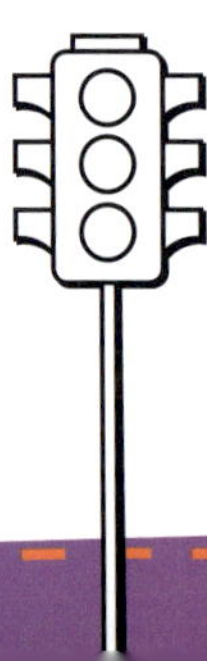

TIPP: Zwischen den Haltestellen »Schillerplatz« und »Am Gautor« liegt die steilste Straßenbahnstrecke Deutschlands, die ohne Steighilfe von den Mainzer Trams der Linien 50, 52, und 53 bewältigt wird.

Adresse Am Getreidespeicher, 55120 Mainz-Mombach // ÖPNV Tram 59, Haltestelle Zollhafen // Öffnungszeiten siehe www.mainzer-mobilitaet.de // ab 3 Jahren

34_DAS HONIG-FRÜHSTÜCK

Ein köstliches Erlebnis für kleine Stadtimker

In Mainz gibt es einen Ort, an dem Kinder Bienen streicheln und Blütenpollen kosten können. Die »Soziale Stadtimkerei«, ein Projekt der »gpe Mainz« in Kooperation mit der Künstlergruppe »Finger«, bietet Führungen und Workshops in der Mombacher Straße an, dort, »wo Wachs und Honig fließen«.

Bei dem Honigfrühstück für kleine Stadtimker stillen Kinder nicht nur ihren Wissensdurst, sondern auch ihren Honighunger. Während sie an dem liebevoll gedeckten Frühstückstisch die hauseigenen Sorten »Mombasa Royale« und »Meenzer Meedsche« verkosten, lernen sie beispielsweise, warum Bienen tanzen und wie eine Bienenkönigin aussieht.

Ausgestattet mit Imkerschleiern geht es dann zu den Bienenvölkern. Um die 20 Völker an vier verschiedenen Standorten, unter anderem auf dem Staatstheater und vor der Opel-Arena, betreut die Soziale Stadtimkerei. Die Nähe zur Stadt beschert den Bienen viele verschiedene Nektarquellen, die ganze Saison lang.

Auf den Waben, die die Imker den Kindern unter die Nasen halten, sehen sie den Honig glitzern und Bienenlarven, die von den Arbeiterinnen gefüttert werden. Mutige Kinder lassen die stachellosen Drohnen über ihre Hände krabbeln. Aus dem Bienenwachs, das sie hier sammeln, können die kleinen Stadtimker im Anschluss noch Wachsmalstifte gießen. Mit denen lassen sich besonders gut Bienen malen.

TIPP: Was man noch alles aus Bienenwachs zaubern kann, erfahren Kinder in der Wachsmanufaktur, die sich die Räumlichkeiten mit der Sozialen Stadtimkerei teilt. Hier werden auch Workshops zum Kerzentauchen für Kindergeburtstage und Familienfeiern angeboten.

Adresse Mombacher Straße 78, 55122 Mainz-Mombach, barrierefrei // ÖPNV Bus 78, Haltestelle Alte Lokhalle // Öffnungszeiten Führungen siehe Homepage www.wowachsundhonigfliessen.gpe-mainz.de, Tel. 06131/3045811 // ab 6 Jahren

35_ DIE HOTEL-KANINCHEN

Langohren in der Luxuslobby

An der Rezeption des Favorite Parkhotels steht eine Gruppe schicker Businessmenschen und checkt ein. Auch im Kinderbereich gleich nebenan ist alles schick, aber die Atmosphäre ist hier doch eine ganz andere. Das könnte an dem Hasengehege liegen, das einen großen Teil des Spielbereichs einnimmt.

Fünf flauschige Hauskaninchen hoppeln durch das Gehege, das mit einer zweistöckigen Hütte ausgestattet ist. Nur ein niedriger Holzzaun trennt die Kaninchen von den Familien, die sie gern nach einem Spaziergang im Park besuchen kommen. Kinderbänke laden Besucher und Besucherinnen ein, sich zu setzen und den Tieren beim Mümmeln und Hoppeln zuzuschauen. Daneben lockt eine reich bestückte Spielecke mit Klettergerüst, Kochecke und anderen Spielzeugen. So haben die Tiere auch bei viel Kinderbesuch immer wieder Ruhephasen, um ungestört ihren Salat zu mümmeln.

Auch das Aquarium, das ebenfalls im Eingangsbereich des Parkhotels aufgebaut ist, fasziniert kleine und große Tiernarren. An den zwei langen Tanks führt eine Rampe entlang, die an der einen Seite hoch genug ist, dass selbst Kleinstkinder einen Blick auf die Unterwasserwelt werfen können. Kleine und große Fische unterschiedlichster Couleur versetzen die Hotel- und Parkbesucher in Staunen.

Bei all der Freude über flauschige Kaninchen, lustiges Spielzeug und farbenfrohe Fische fühlen sich die Kinder hier wunderbar aufgehoben, ganz wie die Businessleute an der Rezeption.

Adresse Karl-Weiser-Straße 1, 55131 Mainz-Oberstadt, barrierefrei // ÖPNV Bus 60, 61, Haltestelle Favorite Parkhotel // Öffnungszeiten immer geöffnet

TIPP: Laue Sommertage kann man entspannt im Biergarten des Favorite Parkhotels mit Kinderspielbereich ausklingen lassen (www.favorite-mainz.de).

36_DER HÜGEL DER FREUNDSCHAFT

Aussichtspunkt mit Friedensbotschaft

Am Rande der Finther Obstwiesen und des Wohnviertels von Lerchenberg erstreckt sich der Ober-Olmer Wald. Familien aus der ganzen Umgebung kommen hierher, um unter hohen Bäumen über weiche Waldwege zu spazieren. Von den Parkplätzen am Forsthaus aus landet man schon bald auf einer großen Lichtung, auf der ein merkwürdig symmetrischer Hügel emporragt. Eine schnurgerade Treppe mit Halteseil führt neugierige Kinder zu seiner Spitze. Von hier oben hat man einen wunderbaren Ausblick über den 350 Hektar großen Wald, der sich vor einem ausbreitet.

Doch der Hügel ist mehr als ein bloßer Aussichtspunkt. Bei genauem Hinschauen fallen den Treppensteigern Sätze in verschiedenen Sprachen auf, die in die Stufen eingelassen sind. »Das Ende der Bedrohung setzt Potentiale frei«, kann man da beispielsweise lesen, auf Deutsch, Englisch und Russisch. Es sind Worte der zivilen Bevölkerung, die deren Hoffnung auf Frieden und Freundschaft nach der Zeit des Kalten Krieges ausdrücken.

Die Künstlerin Dörthe Bäumer realisierte Ende der 90er Jahre den »Hügel der Freundschaft« auf derehemaligen Raketenabschussbasis »Nike«, nachdem der Ober-Olmer Wald im Jahr 1993 nach über 40 Jahren militärischer Nutzung an das Land Rheinland-Pfalz zurückgegeben worden war. Seitdem erobert sich die Natur den Wald zurück, und bedrohte Pflanzen und Tiere können wieder in Frieden gedeihen. Der Hügel, der so gern von Kindern erklommen wird, erinnert an Zeiten der Bedrohung und des Stacheldrahts und öffnet den Blick für das hohe Gut der Freundschaft.

Adresse Am Wald 14, 55270 Ober-Olm // ÖPNV Bus 75, Haltstelle Ober-Olm Forsthaus // ab 2 Jahren

TIPP: Im »Bergschön Grill« im Sportverein von Lerchenberg können kleine und große Bergsteiger ihren Hunger mit zünftigem Essen stillen und sich in den Spielbereichen drinnen wie draußen austoben. Auch Wickeltisch und Kinderstühle sind vorhanden (www.bergschoen-grill.de).

37 _ DAS HÜPF-GLOCKENSPIEL

Für Gelegenheitsmusikanten und -komponistinnen

An einem Sonntagnachmittag am Rhein: Man hört die Möwen kreischen, das Tuten der großen Dampfer und das Trappeln großer und kleiner Füße – Familien, die mit Kinderwägen und Laufrädern die gut ausgebauten Spazierwege des Rheinufers bevölkern. Doch am Adenauer-Ufer beim Kurfürstenbrunnen genügt es, einen Schritt vom Weg abzukommen, und ein heller Glockenton ertönt. Denn gleich neben dem Brunnen ist ein Glockenspiel der besonderen Art versteckt. In den Boden integriert, kann es quasi im Vorbeigehen bespielt werden. Es genügt, auf einen der neun bronzenen Trittsteine zu treten, und schon erklingt ein Glockenton.

Wer dies entdeckt, belässt es selten bei nur einem Ton. Kinder fangen meistens begeistert an, ganze Melodien zu komponieren, indem sie von einem Stein zum nächsten hüpfen. Mit dem Hüpfglockenspiel wird jeder spielend leicht zum Musiker. Doch auch dieses Instrument kann zur Herausforderung werden: Manche versuchen, eine immer länger werdende Tonabfolge, von anderen vorgehüpft, nachzuhüpfen. Manche setzen es sich in den Kopf, einen Klassiker wie »Alle meine Entchen« zum Besten zu geben. Das ist gar nicht so einfach und führt zu viel Gelächter beim Publikum, denn die Töne sind nicht der Tonleiter entsprechend angeordnet.

Ein wahres Konzert entsteht, wenn mehrere Kinder auf dem Glockenspiel herumhüpfen. Was auch immer dabei herauskommt, über misslungene Darbietungen wird sich hier niemand beschweren, außer vielleicht die Möwen.

Adresse Rheinstraße 68, 55116 Mainz-Innenstadt, barrierefrei // ÖPNV Bus 6, 9, 28, 54–57, 68, 70, 71, 91, 99, Haltestelle Brückenplatz // ab 2 Jahren

TIPP: Wer der Promenade zum Stresemann-Ufer folgt, stößt auf zwei weitere witzige Spielgeräte: ein Trichtertelefon und ein Sandspielhäuschen. Daneben laden Grünflächen zum Verweilen ein.

38_DIE IGELBURG

Ein warmes Haus für Igel Klaus

Igel sind in der kalten Jahreszeit auf einen sicheren Unterschlupf angewiesen, damit sie ihren Winterschlaf halten können. Da natürliche Verstecke für die knopfäugigen Insektenfresser in der Stadt rar sind, stellen manche Gartenbesitzer spezielle Igelhäuser auf. Kein bloßes Haus, sondern gleich eine richtige Igelburg wurde für Igel Klaus errichtet, das Maskottchen des Naturschaugartens Lindenmühle.

Die Lindenmühle wurde von der Projektgruppe »Naturnaher Schaugarten« vom Arbeitskreis der Lokalen Agenda 21 angelegt. Die grüne Oase an der Straßenbahnlinie zwischen Bretzenheim und Zahlbach veranschaulicht, wie ein naturnaher Garten aussehen kann.

Kleine Trampelpfade führen vorbei an bunten Blumenwiesen, einem riesigen Wildbienenhotel und einem Teich, über dem schillernde Libellen tanzen. Von der Urobsthecke, die gemeinsam mit Kindergartenkindern gepflanzt wurde, können Spaziergänger süße Mispeln und Zuckeräpfelchen naschen.

Auch die Igelburg wurde zusammen mit Kindergartenkindern errichtet. 2008 schichteten sie Wurzeln und Äste über einen hohlen Holzstamm. Das eindrucksvolle, zeltartige Gebilde bietet seitdem nicht nur Igel Klaus und seinen Nachkommen einen Zufluchtsort: Auch Eidechsen, Erdkröten und Blindschleichen fühlen sich in der Burg wohl.

Das alljährliche Blütenfest und andere Veranstaltungen des Arbeitskreises bieten Familien eine gute Gelegenheit, die Lindenmühle kennenzulernen. Vielleicht wird manch ein Kind zum Bau einer eigenen Igelburg inspiriert. Oder warum nicht gleich eines Schlosses?

Adresse Ecke Milchpfad/Am Wildgraben, 55128 Mainz-Bretzenheim, barrierefrei, www.mainz-naturnah.de // ÖPNV Tram 52, Haltestelle Lindenmühle/Naturschaugarten // Öffnungszeiten jederzeit // ab 3 Jahren

TIPP: Eine Urobsthecke und andere heimische Pflanzen für den eigenen naturnahen Garten gibt es bei der Mainzer Gärtnerei Ahornblatt zu kaufen, entweder ganz in der Nähe in der Unteren Zahlbacher Straße oder online (www.ahornblatt-garten.de).

39_DER INDOOR-STRAND

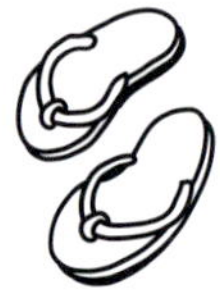

Urlaubsfeeling das ganze Jahr

In Mainz-Laubenheim gibt es einen Strand, auf dem Kinder barfuß entlangtoben, auch wenn es stürmt oder schneit. Denn dieser Strand ist Teil des Indoor-Kinderspielparks Tobolino, des ältesten überdachten Spielplatzes von Mainz.

In der Haupthalle sind die großen Spielgeräte untergebracht. Hier wird auf einem Wackelberg gehüpft, auf Rollen gerutscht und auf einen Vulkan geklettert. Krabbelkinder fühlen sich im Kleinkindbereich mit Bällchenbad wohl. Besucher können sich Essen von zu Hause mitbringen oder am Kiosk die ein oder andere Nascherei erstehen.

Der Beach-Bereich befindet sich in einer Nebenhalle, die viele Kinder, überwältigt von dem Spieleangebot, übersehen. Friedlich ist es hier, ganz ohne elektrische und aufblasbare Spielgeräte und ohne die Kindergeburtstage, die in der Haupthalle ausgerichtet werden.

Zwei Schiffsrümpfe ragen aus dem Sand heraus und können über Strickleitern und Planken geentert werden. In einem großen Kletterlabyrinth gilt es, Hindernisse zu überwinden und Schätze zu bergen. Auf dicken Tampen und rutschigen Bojen schulen Leichtmatrosen ihren Gleichgewichtssinn. Wer fällt, fällt weich. Dafür sorgt der spezielle Spielsand, der einmal im Monat gesäubert und geölt wird, damit er schön geschmeidig bleibt. Und während die Piratenmeute durch den Sand jagt, können sich die Eltern mit einem leckeren Getränk in einem Sessel zurücklehnen und vom nächsten Strandurlaub träumen.

TIPP: Auch in Mombach gibt es einen Indoor-Spielplatz, das Rambazamba, das selbst im Winter dank Bodenheizung kuschelig warm bleibt (www.rambazamba-mainz.de).

Adresse Dammweg 11, 55130 Mainz-Laubenheim, barrierefrei, www.tobolino-mainz.de, Tel. 06131/6228202 // ÖPNV Bus 61, 63, Haltestelle Ginsheimer Straße // Öffnungszeiten Di–Do 14–18.30 Uhr, Fr 14–19 Uhr, Sa, So 10.30–19 Uhr

40_DER KAUGUMMI-AUTOMAT

Es gibt sie noch, die süßen Dinger

Viele Erwachsene werden nostalgisch, wenn sie das Wort Kaugummiautomat hören. Waren die roten Metallkästen doch der Ort, an dem sie ihre ersten Geldgeschäfte abwickelten, mit Bubble Gum Kaugummiblasen übten oder sogar erschwingliche Ringe für ihre Angebeteten erwarben. Mit zunehmendem Alter verschwanden die Automaten vom Radar ihrer einstigen Kunden. Doch die heutigen Kinder wissen: Die Kultboxen gibt es noch immer.

Ein besonders eindrucksvolles Exemplar hängt am Kiosk Ates in der Neustadt: ein quietschblaues Fünfschachtgehäuse, auf dem halb abgeblättert, halb überklebt die leicht irreführende Aufschrift »Frische Basar« prangt. Statt der einfachen Klappe zum Hineingreifen fällt das süße Gut des »Frische Basars« in eine kleine Schublade zum Herausziehen. So werden hier auch größere Produkte angeboten, wie zum Beispiel ganze Kaugummipackungen.

Befüllt und gewartet wird der Münzschlucker von Heiko Schütz aus dem Westerwald. Der sogenannte »Kaugummimann« kümmert sich um mehr als 1.000 Automaten in Städten und auf dem Land, wo sie häufig für Kinder den örtlichen Kiosk mit seinen Schnuckeltüten ersetzen.

Die Kammern des »Frische Basars« bestückt er alle drei bis fünf Monate neu. Dort kommen nicht nur Kaugummis jeder Form und Couleur hinein, sondern auch Spaßartikel wie Flummis und klebrige Figürchen zum Sammeln. Und die berüchtigten Plastikringe, unverzichtbare Accessoires zukünftiger urbaner Romanzen, dürfen natürlich auch nicht fehlen.

Adresse Illstraße 1, 55118 Mainz-Neustadt, barrierefrei // ÖPNV Bus 70, 76, Haltestelle Feldbergplatz/Mainzer Stadtwerke // ab 4 Jahren

TIPP: Wer Lust auf einen echten »Frische Basar« hat, ist im Kiosk Ates genau richtig, wo neben den üblichen Kioskprodukten auch frisch aufgebrühter Kaffee, Burger und Döner mit selbst gemachtem Brot und leckere türkische Backwaren angeboten werden.

41_DIE KINDER-BÜCHEREI

Zentral schmökern

Gegenüber vom geschäftigen Hauptbahnhof, am Fuße der riesigen Bonifazius-Türme, ist einer der gemütlichsten Orte für Kinder in der Mainzer Innenstadt: die Kinderbuchabteilung der öffentlichen Bücherei Anna Seghers. Hier finden Kinder alles zum Runterkommen und Entspannen: Stühle und Tische zum Malen, Sitzsäcke zum Fläzen, ein Schaukelpferd und Kuscheltiere zum Spielen, aber vor allem Bücher, Bücher, Bücher.

Niedrige Boxen mit Bilderbüchern laden auch die kleinsten Besucher zum Stöbern ein. In den größeren Regalen werden Kinder fündig, die schon richtige Geschichten hören oder sogar selbst lesen möchten. Von Astrid Lindgren über den Lesetiger bis hin zu Gruselliteratur für Jugendliche ist alles da und noch viel mehr. Dazwischen finden sich auch immer wieder fremdsprachige Bücher. Wissensdurstige können sich mit der Was-ist-was-Reihe versorgen, und auch Comicfans kommen voll auf ihre Kosten. Ein Regal mit aktuellen Kinder- und Jugendzeitschriften bringt immer wieder neuen Lesestoff. Und sogar CDs und DVDs können ausgeliehen werden.

Wem das alles noch nicht reicht, der kann sich von der kleinen Ausstellung inspirieren lassen, an der man auf dem Weg in die Kinderbuchabteilung vorbeikommt. Hier werden Bücher zu wechselnden Themen präsentiert. Es lohnt sich auch, ins Programm der Bücherei zu schauen, denn es werden immer wieder Lesungen für Kinder angeboten. Dann ist die Hektik der Stadt vergessen, die Kinder machen es sich gemütlich und tauchen ein in die fabelhafte Welt der Bücher.

Adresse Anna-Seghers-Platz, 55118 Mainz-Neustadt, barrierefrei, internet.mainz.de/kinderbuecherei/kinderbib, Tel. 06131/122570 // ÖPNV alle Linien, Haltestelle Hauptbahnhof // Öffnungszeiten Di, Mi, Fr 10–18 Uhr, Do 10–19 Uhr, Sa 10–13 Uhr

TIPP: Für noch mehr Gemütlichkeit ist das Café »Hygge« gleich nebendran zu empfehlen. Hier herrscht dänisches Flair, und Hochstühle für Kinder gibt es auch.

42_DER KINDER-BÜCHERSCHRANK

Einfach rausnehmen und reinlesen

Eine Bibliothek, die für jeden frei zugänglich ist, sieben Tage die Woche durchgängig geöffnet hat und eine ständig wechselnde Auswahl an Büchern bietet? Ja, so etwas gibt es wirklich in Mainz und zwar gleich mehrfach. Die ersten zwei »Offenen Bibliotheken« wurden 1994 im Rahmen eines Kunstprojekts in der Neustadt und der Oberstadt aufgestellt. Inzwischen wurden in fast jedem Mainzer Stadtteil alte Stromkästen zu Bücherschränken umfunktioniert.

Der Inhalt der Offenen Bibliotheken ist so breit gefächert wie die literarischen Vorlieben ihrer Anwohner. Neben Romanen finden sich auch oftmals Sachbücher, Bildbände, Zeitschriften und Kinderbücher. Das Exemplar vor der Volkshochschule Mainz am Karmeliterplatz hat sich auf Letztere spezialisiert.

In dicken Lettern steht es über dem Schrank geschrieben: »Kinder-Bücher«. Drinnen steckt trotzdem meist auch allerlei andere Literatur. Aber den meisten Eltern ist es nur recht, wenn sie was zum Schauen haben, während das Kind die Auslage durchforstet. Gleich nebendran steht eine Parkbank, auf der es sich die Kinder mit ihren Eroberungen sofort gemütlich machen können.

Die Offene Bibliothek ist auch ein hervorragender Abnahmeort für Bücher, aus denen das Kind herausgewachsen ist. Anders als bei den städtischen Büchereien gilt es hier nicht, besondere Auflagen bei der Bücherspende zu beachten. Reinstellen genügt. Und so bleibt der Bücherschrank immer gut gefüllt und bereit für das nächste Kind in Entdeckerlaune.

Adresse Karmeliterplatz 1, 55116 Mainz-Innenstadt, barrierefrei // ÖPNV Bus 62–65, 68, 71, Haltestelle Schusterstraße/Galeria Kaufhof // Öffnungszeiten immer geöffnet

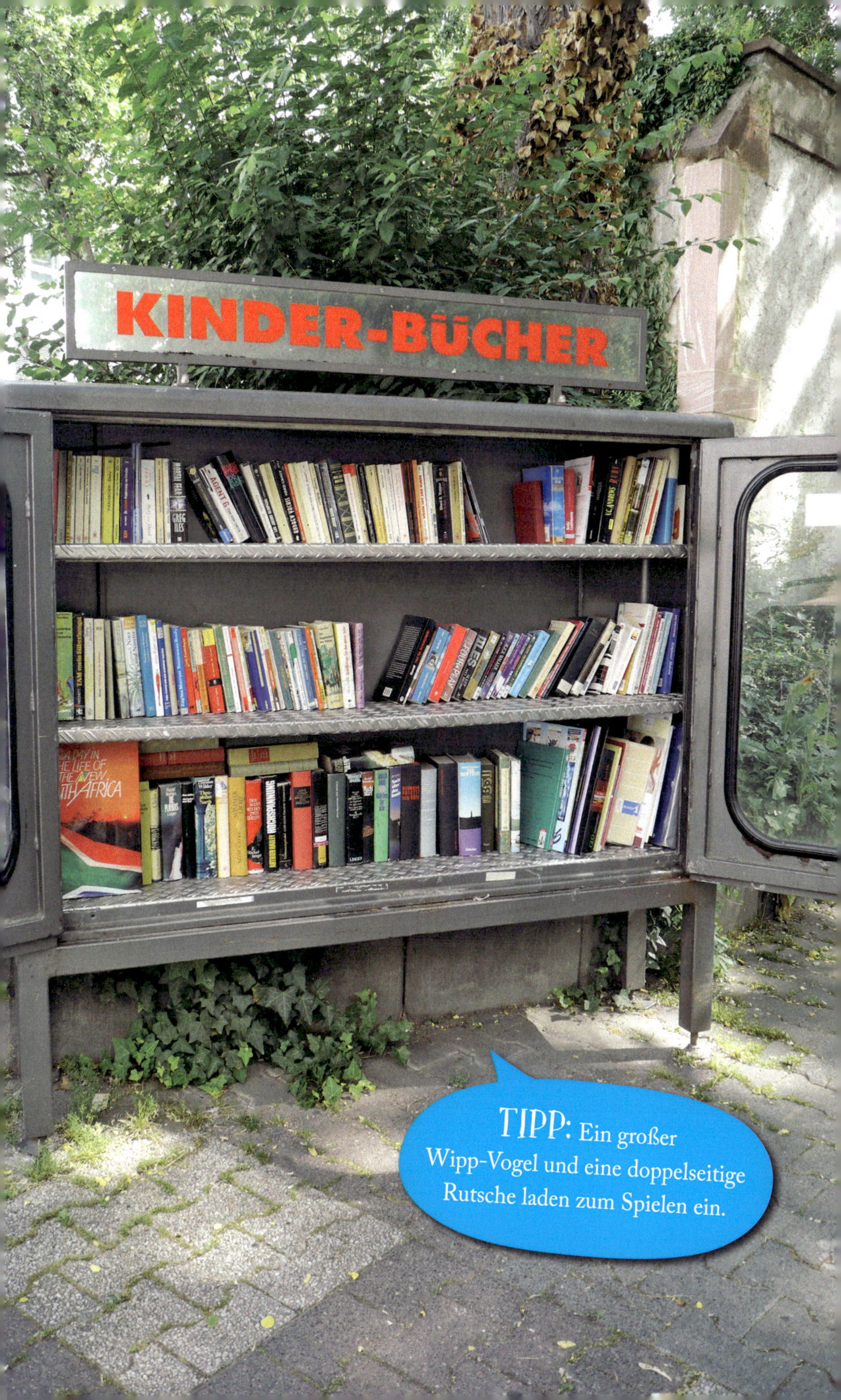

TIPP: Ein großer Wipp-Vogel und eine doppelseitige Rutsche laden zum Spielen ein.

43_DAS KINDERKINO

Filmkultur im historischen Gewölbe

Das Kinderkino der »Kulturei« ist ein Filmerlebnis der besonderen Art: Kinder lümmeln sich bequem auf dem weichen Teppich vor der großen Leinwand oder kuscheln sich bei ihren Eltern auf den Schoß. Schon bevor der Film losgeht, verbreiten das gespannte Gemurmel und das gedämpfte Licht in dem historischen Gewölbe richtige Kinoatmosphäre.

Seit 2006 ist auf der Zitadelle, in den ehemaligen Kasematten der Bastion Germanicus, die »Kulturei« beheimatet. In den alten Gewölben, in denen einst Kanonenrohre lagerten, finden nun Feste, Märkte und andere kulturelle Veranstaltungen statt. Davor erstreckt sich eine Wiese, die Besucher und Besucherinnen mit einem herrlichen Ausblick über die Mainzer Altstadt verwöhnt. Auch Familien kommen nicht zu kurz: Als Begleitprogramm zu vielen Events werden Kinderschminken, Federballspielen und andere Aktionen angeboten. Das Kinderkino erfreut sich bei solchen Veranstaltungen immer größter Beliebtheit.

Hier gucken Kinder Filmklassiker wie »Pippi Langstrumpf«, während ihre Eltern im Winter entspannt über den Adventsmarkt schlendern oder im Sommer eine Weinschorle auf der Wiese schlürfen. Hinter dem Sitzteppich sind Stuhlreihen für erwachsene Kinobesucher und -besucherinnen aufgebaut. Sie schauen den Filmen aus ihrer Kindheit nicht weniger gebannt zu. Und spätestens wenn bei Pippi Langstrumpfs Tortenschlacht im altehrwürdigen Gewölbe der »Kulturei« das Lachen aller großen und kleinen Zuschauer und Zuschauerinnen widerhallt, ist das Kinogefühl perfekt.

Adresse Zitadellenweg, 55131 Mainz-Oberstadt, barrierefrei, Tel. 0151/61370370 // ÖPNV Bus 64, 65, Haltestelle Bahnhof Römisches Theater // Öffnungszeiten Termine auf www.diekulturei.de

TIPP: Direkt nebenan befindet sich das Kino der Antike, das Römische Theater. Die »Initiative Römisches Mainz e. V.« (www.roemisches-mainz.de) bietet regelmäßig Führungen für die ganze Familie durch das Bühnentheater an, Startpunkt ist an der »Kulturei«.

44_DAS KLEIDER-STÜBCHEN

Shoppen im Untergrund

Schränke voller Bücher, Kuscheltiere und Puzzles, eine stattliche Ansammlung von Rutschautos und Dreirädern und ein ganzer Raum voller Secondhandkleidung für Kindergartenkinder: So sieht es im Keller der Ortsverwaltung der Neustadt aus, wo einmal die Woche das »Kleiderstübchen« seine Türen für Eltern und Kinder öffnet.

Der Weg zum Kleiderstübchen gleicht einer Schatzsuche, müssen Familien doch erst einmal durch den Hinterhof in die Räumlichkeiten des »El Kiko International« und dann in den Keller hinabsteigen. Doch wer den Weg einmal gefunden hat, kommt immer gern wieder. Die meisten Kunden kennen sich und grüßen einander. Das liegt auch an dem »Eltern-Kind-Café«, das zeitgleich im El Kiko geöffnet hat. Hier können sich Eltern in entspannter Atmosphäre austauschen, während sich ihre Kinder mit den bereitgestellten Spielsachen vergnügen.

Alle Secondhandwaren des Kleiderstübchens wurden gespendet. »Wir bekommen auch immer wieder ungetragene Kleider von Geschäften rein«, sagt eine der ehrenamtlichen Mitarbeiterinnen, die hier unermüdlich Kleidung faltet und sortiert. Der absolute Verkaufsschlager? Matschhosen. Kein Wunder, denn die wechseln hier schon für ein bis zwei Euro den Besitzer. Alle Preise des Kleiderstübchens sind Spendenempfehlungen und sehr niedrig. Das erfreut nicht nur die Eltern, sondern auch die Kinder, die sich von ihrem Taschengeld ein neues Spielzeug oder Kleidungsstück leisten können.

Adresse Leibnizstraße 47, 55118 Mainz-Neustadt, www.kinderschutzbund-mainz.de // **ÖPNV** Bus 62, 63, 67, Haltestelle Synagogenplatz // **Öffnungszeiten** Di 15–17 Uhr // zwischen 0 und 6 Jahren

emons:
Entdecken fängt zu Hause an
BERND INGRUND
111 WHISKYS DIE MAN GETRUNKEN HABEN MUSS
JENS DREISBACH
111 GINS DIE MAN GETRUNKEN HABEN MUSS
CORNELIA KUHNERT
111 ORTE FÜR KINDER IN UND UM HANNOVER DIE MAN GESEHEN HABEN MUSS
MARIA TERESA CARBONE
111 HUNDE DIE MAN KENNEN MUSS
CHRISTINA BACHER
111 ORTE FÜR KINDER IN KÖLN DIE MAN GESEHEN HABEN MUSS
111 WEINE AUS ITALIEN DIE MAN GETRUNKEN HABEN MUSS
THEO B. PAGEL | BRIAN BATSTONE
111 DINGE ÜBER ELEFANTEN DIE MAN WISSEN MUSS
FRANZISKA LÖ
111 ORTE FÜR KINDER IN UND UM STUTTGART DIE MAN GESEHEN HABEN MUSS
HOLGER UND ROLAND GRUMT SUÁREZ
111 INSEKTEN DIE TÄGLICH UNSERE WELT RETTEN
ISA GRÜTERING | NATASCHA KOROL
111 ORTE FÜR KINDER IN BERLIN DIE MAN GESEHEN HABEN MUSS

TIPP: Einmal ums Eck lockt der Lessingspielplatz mit Pumpe und Wasserlauf. Hier können Kinder an heißen Tagen Staudämme und Teiche bauen.

45_DER KLETTERDINO

Lockt Kinder in seinen leeren Bauch

Hoch oben im Hartenbergpark lebt ein Ungetüm. Es wartet gelassen auf mutige Ritter und Heldinnen, die es unterwerfen wollen. Am Ende landen sie schließlich doch alle in seinem Magen. Denn diese Riesenechse hat einen Bauch, der für kletterfreudige Kinder einfach unwiderstehlich ist.

Der Kletterdino ist eines von vielen Projekten im Rhein-Main-Gebiet von Alexander Lihl. Die Skulpturen des sogenannten »Kinderkünstlers« entstehen in enger Zusammenarbeit mit den Kindern vor Ort, die so weit wie möglich in die Planung und Umsetzung der Kunstwerke mit einbezogen werden. 1999 wurde der eindrucksvolle Kletterdino aus Beton im Hartenbergpark aufgestellt und mit bunten Mosaiken rundum verziert.

Zwischen den Stacheln entlang seines Rückens und Schwanzes hat eine ganze Schulklasse Platz. Durch eine große Öffnung können die Kinder zu mehreren in seinen mächtigen Bauch klettern und durch zwei kleinere Löcher hindurchschauen oder Stöcke und andere Fundstücke hineinreichen.

Der Dino lässt erhaben seinen Blick über das fröhliche Treiben im Hartenbergpark schweifen. Doch der Wasserspielplatz und die Minigolfanlage, der Barfußpfad und die Seilbahn, der Skaterpark und der Sandspielplatz scheinen ihn nicht groß zu beeindrucken. Oder genießt er bloß den sagenhaften Ausblick über Mainz-Mombach? Um das herauszufinden, braucht es schon besonders mutige Kinder, die sich bis auf die Schnauze des Ungetüms vorwagen, um die Welt aus Dinoperspektive zu sehen.

Adresse Hartenbergpark, 55122 Hartenberg-Münchfeld // ÖPNV Bus 64, 65, Haltestelle Hartenbergpark // ab 2 Jahren

TIPP: Das Siegesfest nach dem Erklimmen des riesigen Dinos lässt sich am besten rund um die bunten Marterpfähle abhalten, die zwischen Minigolfanlage und Wasserbecken in den Himmel ragen. Mit Indianergeheul natürlich.

46_DER KREPPEL-FÜLLAPPARAT

Das Flüssige muss ins Runde

Wie kommt eigentlich die Konfitüre in den Kreppel? Früher oder später bekommen Mainzer Eltern diese Frage gestellt. Besonders zur Fastnacht, wenn die zuckrigen Hefekreise in aller Munde sind. Dann pflegen nicht nur Katholiken die Tradition, die Fastenzeit mit stärkendem Schmalzgebäck einzuläuten.

Ein Besuch in der Bäckerei Kai Olemutz befriedigt gleichermaßen den Appetit und die Neugier aller Kreppelfans. Denn hier werden die Berliner, Krapfen oder Pfannkuchen, wie sie andernorts genannt werden, am Verkaufstresen vor den Augen der Kundschaft befüllt. Die Verkäuferin verwendet hierfür einen speziellen Füllapparat aus Metall, mit dem sie per Hebeldruck die Konfitüre in das Gebäck pumpt. Übrig bleibt nur ein kleiner Einstich, der den fruchtig-süßen Inhalt verrät.

Auch bei den anderen Backwaren schwört Kai Olemutz darauf, selbst Hand anzulegen. Der Teig für die köstlichen Brote wird mit handgemachtem Natursauerteig und Hefe-Vorteig hergestellt und dann per Hand bearbeitet und geformt.

1992 übernahm der Bäckermeister Kai Olemutz den 30 Jahre alten Betrieb seines Vaters. Saftiges Roggenbrot und schmackhafte Kürbiskernbrötchen liegen in der Auslage dreier Bäckerfilialen in Mombach und der Neustadt. Zu Fastnacht, wenn die großen Umzüge an der Boppstraßen-Filiale entlanglaufen, werden die Kreppel ausnahmsweise schon in der Backstube befüllt. Den Füllapparat können Kinder danach wieder in Aktion erleben, Fastenzeit hin oder her.

TIPP: Feinstes französisches Gebäck und andere himmlische Teilchen gibt es in derselben Straße bei »Frau Schmidt« (www.frauschmidtcakery.de). Für Kinder ist in dem gemütlichen Café eine Spielecke eingerichtet.

Adresse Suderstraße 82, 55120 Mainz-Mombach, www.olemutz.de, Tel. 06131/4805930 // **ÖPNV** Bus 62, 63, Haltestelle An den Dünen // **Öffnungszeiten** Mo–Sa 6–13 Uhr

47_DAS KÜKEN-SCHLÜPF-GEHEGE

Flauschige Museumsbewohner

Die Osterzeit ist für viele Familien eine traditionsreiche Zeit: Ostereiersuchen, Ostermesse und Osterbrunch, um nur drei Klassiker zu nennen. Nun wird es Zeit, eine neue Tradition hinzuzufügen: das Kükenschlüpfen im Naturhistorischen Museum (NHM).

Seit nun schon 40 Jahren lädt das Museum Kinder dazu ein mitzuerleben, wie ein Ei langsam aufbricht und das gelbe, flauschige Lebewesen erscheint. Ungefähr vier Wochen vor und eine Woche nach Ostern schlüpfen jeden Tag vier Küken in dem großen Schaukasten, der in dem Museum dafür aufgestellt wird. Wenn sie zehn Tage alt sind, kommen die Tiere zu einem Biobauernhof in der Region, wo sie ihr Hühner- und Hahnenleben als Nutztiere verbringen.

Aber auch zu jeder anderen Jahreszeit lohnt sich der Besuch im NHM: Im Sommer kann man ein Bienenvolk im Glaskasten bei der Honigproduktion beobachten, und im Winter werden Taschenlampenführungen im Dunkeln angeboten. Im Herbst 2019 eröffnet das NHM mit neuen Ausstellungsräumen im Lichthof, in denen 350 Millionen Jahre Erdgeschichte der Mainzer Region eindrucksvoll zur Schau gestellt werden. Die Mitmachstationen und die Forscherwerkstatt laden Kinder ab dem Vorschulalter zum spielerischen Entdecken spannender Naturphänomene ein.

Lebensgroße präparierte Tiere können von Familien in aller Ruhe und aus nächster Nähe beäugt werden, wie der große, flauschige Eisbär. Nur die kleinen, ebenfalls flauschigen Küken zur Osterzeit sind noch eindrucksvoller.

Adresse Reichklarastraße 1, 55116 Mainz, barrierefrei, www.mainz.de/nhm // ÖPNV Bus 62–65, 68, 71, Haltestelle Schusterstraße/Galeria Kaufhof // Öffnungszeiten Di 10–20 Uhr, Mi 10–14 Uhr, Do–So 10–17 Uhr

TIPP: Auf dem Vorplatz des Museums befindet sich der »Garten der Zeit«. Hier können Kinder durch 43 Gesteinsblöcke aus über 400 Millionen Jahren laufen und die genaue Zeit an der Sonnenuhr ablesen.

48_DER LUFTBALLON-STROMKASTEN

Aus Grau wird Kunst

Leuchtend rote Kirschen, eine surreale Insel, grüne Pyramiden: Das sind nicht etwa die Seiten eines Bilderbuchs. An diesen Motiven spazieren die Menschen aus dem Martin-Luther-King-Viertel tagtäglich vorbei. Es handelt sich um Stromverteilerkästen, die im Auftrag der Mainzer Stadtwerke von Graffitikünstlern und -künstlerinnen besprayt wurden.

Die Motive auf den Kästen sind oftmals an ihre Umgebung angepasst. Wie der Stromkasten gegenüber der Neuen Synagoge in der Neustadt, der die Farben und Formen des Gebäudes widerspiegelt. Und wie der Stromkasten, der hinter dem Bahnhof in der Augustusstraße steht, über ihn rollt eine Eisenbahn.

Wer möchte, kann schmuddelig-graue Exemplare bei den Stadtwerken melden und sogar Wünsche zur Gestaltung äußern. So lachen den Kindern in der Ludwigsburger Straße nun bunte Luftballons entgegen, wenn sie sich dort morgens für den gemeinsamen Schulweg einfinden. Damit wird die Idee der ortsansässigen Eltern aufgegriffen, einen alten, hässlichen Stromkasten zu einem fröhlich unverwechselbaren Treffpunkt für Schulkinder umzugestalten.

Beim Rabanus-Maurus-Gymnasium arbeitete der Graffitikünstler Pixeljuice mit einer Schülerin zusammen. Sie entwarf Bilder des Schulmaskottchens: Der Rabe ziert nun zwei Kästen an der Schule. Die Suche nach immer neuen Stromkastenbildern lässt jeden Stadtbummel mit Kind zu einer Entdeckungsreise werden. Die phantasievollen Motive inspirieren zu den schönsten Geschichten. Das Bilderbuch kann zu Hause bleiben.

Adresse Ludwigsburger Straße, 55122 Mainz-Hartenberg/Münchfeld, barrierefrei, aus-grau-wird-kunst@stadtwerke-mainz.de // ÖPNV Bus 64, 65, Haltestelle Eduard-David-Straße // ab 3 Jahren

TIPP: Am nördlichen Ende der Ludwigsburger Straße wartet ein Spielplatz mit großzügigem Sandspielareal, Schaukeln, Rutsche und mehreren Klettergelegenheiten auf tobelustige Kinder.

49_DER MÄDCHEN-BRUNNEN

Zeigt her eure Füße

Die drei Mädchen drängen sich dicht aneinander. Von den drei Regenschirmen, die sie umklammert halten, strömt das Wasser herunter und sammelt sich zu ihren nackten Füßen. Es scheint ihnen nichts auszumachen. Das Mädchen mit dem Pferdeschwanz streckt eine Hand aus. Vielleicht um die Wassertropfen zu spüren, vielleicht als Einladung an alle Kinder, die Schuhe abzustreifen und sich auch die Füße nass zu machen.

Der Mädchen-Brunnen, von den Mainzern auch liebevoll »Meenzer Mädcher« genannt, wurde 1978 vom Salzburger Bildhauer Josef Magnus entworfen und ist seitdem fester Bestandteil des Ballplatzes, des kleinen Bruders des Schillerplatzes. Historische Gebäude schirmen ihn vom Stadtlärm ab. Hier, abseits des Linienverkehrs und der Touristenströme, ist der perfekte Ort für eine Verschnaufpause. Im Sommer locken am Ballplatz zwei Cafés mit ihren Sonnenterrassen. Dann flitzen die Kinder über das Kopfsteinpflaster, drehen endlose Runden um den Baum oder aber um die drei Mädchen. Nur eine kleine Wölbung trennt die Kinderfüße von dem erfrischenden Brunnenwasser. Ganz Mutige versuchen, sich zu den Mädchen unter die Regenschirme zu stellen.

Zur Mittagszeit füllt sich der Ballplatz mit Schülerinnen aus der Maria-Ward-Schule, einer reinen Mädchenschule. Zwischen ihnen fallen die bronzenen Figuren kaum noch auf. Das Plätschern des ewigen Regens, der von ihren Schirmen fällt, mischt sich unter das Gemurmel der Schülerinnen und das Lachen der Kinder, die ihrer Einladung zum Nassmachen gefolgt sind.

Adresse Ballplatz, 55116 Mainz-Innenstadt, barrierefrei // ÖPNV Bus 64, 65, 70, 71, Haltestelle Pfaffengasse

TIPP: Das »Lomo« am Ballplatz ist mit seiner Bücher- und Gesellschaftsspielecke auch bei schlechtem Wetter eine gute Adresse zum Verschnaufen, zum Beispiel bei einem heißen Kakao mit Sahne (www.lomo-mainz.de).

50_ DIE MAINZELMÄNNCHEN-AMPEL

Vom Werbetrenner zum Verkehrsregler

An kaum einer Mainzer Ampel macht das Verkehrssicherheitstraining mit Kindern so viel Spaß wie an der Großen Bleiche, Höhe Neubrunnenplatz. Denn hier leuchtet den Kindern kein standardisiertes Ampel-, sondern ein freches Mainzelmännchen entgegen. Genauer gesagt handelt es sich um Det, den klugen Chef der Mainzelmännchen, erkennbar an der Brille auf seiner Stupsnase.

Seit 2016 begeistert die Ampel, die es nur in Mainz gibt, große und kleine Mainzelmännchen-Fans. Sie soll den wohl bekanntesten Meenzer Buben ein Denkmal setzen. Was viele Mainzer nicht wissen oder wahrhaben wollen, ist, dass die Mainzelmännchen in Wiesbaden zur Welt kamen, wo sie der Zeichenfeder Wolf Gerlachs entsprangen. Benannt hat Gerlach sie nach den Mitarbeitern des ZDF, die augenzwinkernd als Mainzelmännchen, also Mainzer Heinzelmännchen, bezeichnet wurden.

Der schlaue Det und seine fünf Freunde Anton, Berti, Conni, Edi und Fritzchen treten nun schon seit über 50 Jahren als kurzweilige Werbetrenner auf. Inzwischen gibt es Mainzelmännchen-Kinderlieder, -Bücher, -Figuren und eben -Ampeln. Auch auf dem ZDF-Gelände in Lerchenberg, an der Rheinstraße Höhe Fischtorplatz, an der Kreuzung Ludwigsstraße/Große Langgasse und beim Haupteingang des Uni-Campus leuchtet den Fußgängern ein rotes oder grünes Mainzelmännchen entgegen. Weitere Ampeln sollen folgen. So werden wohl noch viele Kinder lernen: Das Mainzelmännchen ist noch rot, / das bedeutet Gehverbot. / Ist der grüne Det zu sehen, / darfst du gerne rübergehen.

Adresse Neubrunnenplatz, 55116 Mainz-Innenstadt, barrierefrei // **ÖPNV** Bus 6, 64, 65, Haltestelle Neubrunnenplatz/Römerpassage

TIPP: Mainzelmännchen-Merchandise gibt es im ZDF-Shop in der Schöfferstraße: vom Babybody bis zur Schultüte und noch viel mehr (und online: www.zdf-shop.de).

51_DIE MAINZ-GRAFFITI

Ganz viel Stadtgeschichte an einer Wand

Während oben auf der Malakoff-Terrasse stets Hochbetrieb herrscht, wird der untere Weg nur selten genutzt. Dabei lohnt es sich, die Treppenstufen hinabzusteigen. Denn hier läuft man nicht nur ganz nah am Rhein, sondern auch an einem Stück Mainzer Stadtgeschichte entlang.

2018 gestaltete das Künstlerkollektiv »Buntic Media« die Wand unterhalb der Rheinkanzel, die zuvor mit illegalen Graffiti bedeckt war, neu. Seitdem reihen sich hier Postkarten von farbenfrohen Figuren und Orten aneinander.

An einer Ecke sitzt der römische Historiker Publius Cornelius Tacitus, der in seinen Schriften das erste Mal die Stadt unter ihrem lateinischen Namen Mogontiacum erwähnte. Neben ihm lugt die Kuppel der Christuskirche, der ersten evangelischen Kirche der Stadt, aus dem römischen Dativius-Victor-Bogen hervor.

Die beiden lustigen Gesichter werden manche Kinder als »Schwellköppe« erkennen, die übergroßen Köpfe aus Pappmaché von den Fassnachts-Umzügen. Der langbärtige, ernst dreinblickende Mann an ihrer Seite ist Johannes Gutenberg, Erfinder des modernen Buchdrucks und wohl bekanntestes Kind der Stadt. Der Mainzer Dom darf natürlich auch nicht fehlen, und am anderen Ende der Mauer segelt ein »Navis lusoria«, ein römisches Kriegsschiff, durch hohe Wellen.

Die großflächigen, leuchtenden Graffiti sprechen Kinder sofort an. Manche Motive kennen sie vielleicht schon, und über alle anderen lässt es sich wunderbar gemeinsam rätseln.

TIPP: Ein weiteres eindrucksvolles Mainz-Graffito eines unbekannten Künstlers mit Gutenberg und den Mainzelmännchen im Fastnachtstrubel lässt sich im Durchgang zum Langen Hunikelweg in der Neustadt bewundern.

Adresse Malakoff-Terrasse, 55116 Mainz-Innenstadt, barrierefrei // **ÖPNV** Bus 60, 61, 63, 64, Haltestelle Holzturm/Malakoff-Passage // ab 6 Jahren

52_DAS MAL-WERK

Jedes Stück ein persönliches Meisterwerk

Bunte Tassen, gemusterte Vasen, glitzernde Totenköpfe: Das Regal mit den fertig bemalten Teilen ist prall gefüllt, und keines gleicht dem anderen. Denn hier im »Mal-Werk« darf jeder Gast, ob jung oder alt, selbst den Pinsel schwingen und erschafft dabei ein Unikat ganz nach dem eigenen Geschmack. Das Konzept brachte die Chefin Alexandra Doss aus Berlin mit.

In dem gemütlichen Laden im Herzen der Stadt beugen sich Menschen jeden Alters über die noch weißen Rohlinge. Babys patschen ihren Handabdruck auf einen Teller für die Oma. Kleinkinder stempeln Muster auf ein Türschild, und ein Schulkind bemalt konzentriert sein Zahndöschen. Lässt die Konzentration nach, sorgt eine Kinderecke mit Büchern und Spielzeug für die nötige Zerstreuung. Heißgetränke, selbstverständlich serviert in kunstvoll bemalten Tassen, können sich die Gäste an der mediterranen Bar bestellen.

Sind ausreichend Blümchen, Tiere, 3-D-Sticker und Glitzerfarben auf dem Rohling platziert, kommen die Teile zur Brennstube des Mal-Werks. Mit großer Spannung erwarten Kinder in der folgenden Woche das fertige Werk. Ihre volle Farbenpracht entfaltet die Keramik erst nach dem Brennen bei 1.000 Grad Celsius. Groß ist die Freude, wenn die Künstler und Künstlerinnen das fertige Werk endlich in den Händen halten: Es ist bunt und schimmernd, vielleicht ein bisschen anders, als sie es sich ausgemalt haben, vielleicht sogar noch schöner. Aber ganz bestimmt ist es einzigartig.

Adresse Weißliliengasse 10, 55116 Mainz-Innenstadt, barrierefrei, www.mal-werk.com // **ÖPNV** Bus 64, 65, 70, 71, Haltestelle Pfaffengasse // **Öffnungszeiten** Mi 10–20.30 Uhr, Do–Di 10–18.30 Uhr, Reservierung erbeten unter Tel. 06131/1433966

TIPP: In der Landbäckerei »Mayer« gegenüber bekommen hungrige Mal-Werk-Kunden zehn Prozent Rabatt auf ihren Einkauf.

53_ DAS MARIONETTEN-THEATER

Zu Besuch in Uromas Kinderzimmer

Eigentlich sieht das Zimmer aus wie viele andere Kinderzimmer in Mainz: ein Kaufmannsladen und ein Puppenbett, eine Ritterburg und einige Kinderbücher. Der einzige Unterschied ist, dass die meisten Spielsachen gut 100 Jahre alt sind – und in einer Vitrine stehen. Und statt eines Fernsehers gibt es ein Marionettentheater im Stübchen. Die »Kinderwelten« bieten den großen und kleinen Besuchern des Stadthistorischen Museums einen Einblick in die Mainzer Kinderzimmer längst vergangener Zeiten.

Seit 2003 zeigt das Stadthistorische Museum Alltagsgegenstände aus dem Leben Mainzer Familien und Arbeitenden des 19. und 20. Jahrhunderts. Kinder fühlen sich in den Ausstellungsräumen auf dem Zitadellengelände sofort wie zu Hause, denn neben dem Kinderzimmer wurden hier auch eine Küche und ein Wohnzimmer komplett eingerichtet. Manches, zum Beispiel die Backförmchen, ist bis heute unverändert geblieben. Andere Dinge wie der Kinderrollstuhl, der mehr einer Schubkarre gleicht, sind nicht wiederzuerkennen.

Alte Haushaltsgeräte, zum Beispiel der Waschkessel und der Eisschrank, zeigen, welch großer körperlicher Einsatz in vergangenen Zeiten gefragt war. Da wissen Kinder und Erwachsene elektronische Geräte, die sich per Knopfdruck bedienen lassen, gleich mehr zu schätzen. Was sie jedoch nicht daran hindert, beim Anblick des Marionettentheaters glänzende Augen zu bekommen.

TIPP: In demselben Gebäude befindet sich das von der gpe geführte Restaurant »Citadelle«, wo Familien am Wochenende vorzüglich brunchen können (citadelle.gpe-mainz.de).

Adresse Zitadelle 1, 55131 Mainz-Oberstadt, barrierefrei, www.stadtmuseum-mainz.de, Tel. 06131/629637 // **ÖPNV** Bus 60, 61, 64–67, Haltestelle Zitadellenweg/Bahnhof Römisches Theater // **Öffnungszeiten** Fr 14–17 Uhr, Sa, So 11–17 Uhr // ab 5 Jahren

54_DER MARKTHAHN

Eierstand mit Federvieh

Es ist wieder Markttag auf dem Domplatz, und Hahn Moritz steht stolz auf seiner Kiste an Johannes Scholles Eierstand. Das ohnehin schon beeindruckende Tier scheint sich für die staunenden Marktgänger, die mit dem Finger auf es zeigen und Fotos machen, noch ein wenig mehr aufzuplustern.

Moritz gehört, wie schon sein Vorgänger, einer südamerikanischen Rasse an, die mit Kampfhühnern verwandt ist. Eigentlich macht er einen ganz friedlichen Eindruck, wie er da brav hockt und ab und zu nach den Eierkartons pickt. Herr Scholles ist überzeugt von seiner Gutmütigkeit und hält einen Käfig für überflüssig. Streicheln und füttern darf man Moritz trotzdem nicht. »Manche können mit Tieren, andere eben nicht«, meint sein Halter, der Moritz' Gepicke mit einer lässigen Handbewegung Einhalt gebietet und dabei den ein oder anderen Schwank aus seinem Leben als Hühnerwirt zum Besten gibt.

Bei Scholles kann man Eier aus Bodenhaltung in unterschiedlichen Größen und Farben kaufen. Viele der Kunden, die geduldig in der Schlange warten, kommen jede Woche und bringen ihre leeren Eierkartons mit. Hier, am Mittelpunkt des Marktplatzes, direkt neben der Heunensäule, trifft man sich und tauscht sich aus. Für Kinder gibt es im Markttreiben immer etwas Spannendes zu sehen. Nicht zuletzt Moritz, dem es überhaupt nichts ausmacht, bewundert und angestarrt zu werden. Im Gegenteil.

TIPP: Immer samstags findet auf dem Liebfrauenplatz das Marktfrühstück der Mainzer Winzer statt, die hier im Wechsel ihren Wein und Traubensaft ausschenken (www.diemainzerwinzer.de). Dazu gibt es traditionellerweise »Weck« mit »Worscht«.

Adresse Markt, 55116 Mainz-Innenstadt, barrierefrei // ÖPNV Bus 28, 54–57, 60–68, 70, 71, 76, Haltestelle Höfchen/ Listmann // Öffnungszeiten Marktzeiten: Di, Fr, Sa 7–14 Uhr

55_DIE MEDIATHEK

Parlez-vous français?

»Il était une fois«, so beginnen französische Märchen. Wer das mit der korrekten Aussprache hören möchte, sollte zur Märchenstunde des Institut français gehen. Denn hier liest eine Französin Kinderbücher vor, in ihrer Muttersprache.

Die Märchenstunde findet in der Kinderbuchabteilung der Mediathek des Instituts statt. Der gemütliche Bereich mit Sitzkissen, Bauklötzern und einem großen Basteltisch ist der ideale Ort zum Schmökern und Zeitvertreiben.

In der Mediathek gibt es fast ausschließlich französische Literatur, darunter wunderschön illustrierte Kinderbücher von Mario Ramos und Tomi Ungerer. Bei den »bandes dessinées«, also den Comicheften, treffen Kinder auf Berühmtheiten wie Astérix, Lucky Luke und das Marsupilami. An einer Hörstation kann man sich französische Kindermusik und Hörbücher anhören, auf einem Bildschirm DVDs anschauen. Oder man wird Abonnent und nimmt die Medien mit nach Hause.

Zu der Märchenstunde kommen viele deutsch-französische Familien. Aber auch Kinder, die erst angefangen haben, Französisch zu lernen, hören gebannt zu, dank der Handpuppen, welche die Geschichte szenisch darstellen. Diese »marionettes«, von der Mitarbeiterin Felicitas Wahl zum Leben erweckt, sehen nicht nur lustig aus. Sie helfen auch, der Geschichte zu folgen, wenn ein Kind nicht jedes französische Wort versteht. Und nach dem anschließenden Basteln, Spielen und Toben kommt den meisten Kindern ganz fließend »Au revoir!« über die Lippen.

Adresse Schillerstraße 11, 55116 Mainz-Innenstadt // **ÖPNV** Tram 50, 52, 53, Bus 28, 54–57, 60–63, 66, 76, Haltestelle Schillerplatz // **Öffnungszeiten** Termine siehe mainz.institutfrancais.de, Anmeldungen unter Tel. 06131/2822918 oder mediathek.mainz@institutfrancais.de // zwischen 3 und 7 Jahren

TIPP: Französische Gaumenfreuden gibt es bei »Chez Maman« in der Holzstraße. Bei Kindern besonders beliebt: Crème brûlée und Elsässer Flammkuchen (www.facebook.com/chezmamanmainz).

56_DIE MIETWERKSTATT

Reichlich Platz für eigene Projekte

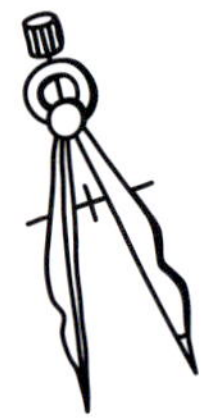

Familien, die in der Stadt wohnen, haben selten genug Platz für eine eigene Werkstatt. Familien, die in der Neustadt wohnen, noch viel seltener. Aber zum Glück gibt es kreative Leute mit innovativen Ideen im Viertel, die diesen Mangel wettmachen. So auch das Team von Klotz&Quer, einem Laden am Gartenfeldplatz, der außergewöhnliche Einrichtungsgegenstände, Kleidung und Schmuck junger Designer anbietet.

In einem Hinterhof am Kaiser-Wilhelm-Ring befindet sich die dazugehörige Werkstatt, wo das Team handwerkliche Workshops und Auftragsarbeiten durchführt. Außerdem können alle, die lieber in Eigenregie werkeln, den 70 Quadratmeter großen Raum stundenweise mieten. Mit Werkzeugen und auf Wunsch auch mit kompetenter Unterstützung durch den anwesenden Schreinermeister.

Die großen Arbeitstische, der Duft nach bearbeitetem Holz und die inspirierenden Projekte in jeder Ecke wecken bei Kindern und Erwachsenen die Bastellust. Die Ausstattung der Werkstatt dürfte jedes Heimwerkerherz höherschlagen lassen: Hobel, Schleifer, Standbohrer und Fräse wollen genutzt, alte Holzbohlen und schicke Schubladen wiederverwendet werden.

Kinder können hier schleifen, ölen und bohren, was das Zeug hält, und Nützliches wie Stiftehalter, Setzkästen und Betonvasen herstellen. In der Mietwerkstatt kann sich die ganze Familie endlich mal so richtig handwerklich austoben. Der Platz ist da.

Adresse Klotz&Quer, Kurfürstenstraße 7, 55118 Mainz-Neustadt, www.facebook.com/klotzundquer, Tel. 06131/9016578 // **ÖPNV** Tram 50, 51, Bus 59, 60, 61, Haltestelle Lessingstraße // **Öffnungszeiten** Di, Mi, Fr 11–17 Uhr, Do 11–20 Uhr, Sa 12–17 Uhr // ab 4 Jahren

TIPP: Ein paar Häuser weiter, im ökologischen Einrichtungsladen »Grinskram«, können Hobbyhandwerker sehen, was sich alles Schönes aus Naturmaterialien machen lässt (www.facebook.com/grinskram).

57_DER MINIATUR-DOM

Hilfe, wer hat den Dom geschrumpft?

Während sich die Eltern auf dem Wochenmarkt am Liebfrauenplatz mit »Weck, Worscht und Woi« versorgen, können ihre Kinder den Mainzer Dom besichtigen, ganz allein. Denn mitten auf dem Platz steht der Dom in Klein, genauer gesagt im Maßstab 1:150, und wartet darauf, von Kinderhänden abgetastet zu werden.

Der Miniatur-Dom aus Bronze stammt vom westfälischen Bildhauer Egbert Broerken, der auf Tastmodelle von Städten und Gebäuden spezialisiert ist. Dank seiner Werke können auch sehbehinderte Menschen wichtige Bauten tastend erkunden. Deswegen stehen die Bezeichnungen der einzelnen Gebäudeteile und die wichtigsten Eckdaten aus der Geschichte des Mainzer Doms auch in Braille-Schrift auf dem Modell.

Außerdem ist der Miniatur-Dom ein Anlaufpunkt für alle Menschen, die schon immer mal wissen wollten, wie der Dom aus der Vogelperspektive aussieht. So lassen sich Details entdecken, die man beim Original leicht übersieht, wie zum Beispiel Sankt Martin, der hoch oben auf dem Dach auf seinem Pferd reitet.

Anders als beim historischen Denkmal können sich Kinder King-Kong-gleich an die bronzenen Türme hängen oder sich mitten in den Kreuzgang setzen. Bedenken, der Skulptur Schaden zuzufügen, muss man nicht haben. Und manch einem macht das Tastspiel Lust, noch mehr zu entdecken und sich nach dem Marktfrühstück das Original einmal genauer anzuschauen.

TIPP: Auch das »Letterndenkmal« auf dem Liebfrauenplatz können Kinder tastend und kletternd erforschen. Figuren, Schriften und der Name Gutenbergs verzieren die überdimensionierten Sandstein-Lettern.

Adresse Liebfrauenplatz, 55116 Mainz-Innenstadt, barrierefrei // **ÖPNV** Bus 60, 61, 63, 64, Haltestelle Fischtor // ab 2 Jahren

58_DIE MINISCHWEINE

Obstlädchen mit Streichelzoo

Finthen ist zu Recht als Spargel- und Obstparadies bekannt. Das Finther Obstlädchen mit seinem Streichelzoo im Hinterhof ist darüber hinaus auch ein Paradies für Kinder.

Sobald die Ladentür aufgeht, kommen Hanni und Nanni grunzend aus ihrem Häuschen gelaufen und stecken ihre Rüssel durch den Zaun. Es könnte ja sein, dass jemand etwas Leckeres dabeihat. Die beiden Minischweine leben im Garten des Finther Obstlädchens von Anja und Sven Schmitt. Schon in dritter Generation verkauft die Familie ihren berühmten Finther Spargel und Obst aus Eigenproduktion direkt vom Hof.

Hanni und Nanni bekommen regelmäßig Besuch von Kindern, die ihre Eltern beim Einkauf begleiten. Wenn die Kinder Glück haben, liegt grad etwas Futter bereit, das sie an die glücklich grunzenden Schweinchen verfüttern dürfen. Neben den schwarz gefleckten Minischweinen bewohnen die Kaninchen King Flip und Prinzessin Lucky und die Pferde Mini Muffin und Arthur den Garten des Obstlädchens. Ein Sandkasten mit Spielzeug, ein Wasserspiel und die Schaukeln laden zum Spielen ein. Für wartende Eltern und stillende Mütter haben die Schmitts eine bequeme Sitzecke eingerichtet.

Das Obst- und Spargelangebot im Laden wird von den Fleischprodukten aus eigener Schlachtung und anderen regionalen Köstlichkeiten wie Salat und Kräutern, Honig und Ölen, Eiern und Nudeln ergänzt. Im Frühjahr können Familien auf den Feldern hinter dem Garten Erdbeeren pflücken und die blühenden Obstwiesen bewundern.

Adresse Kurmainzstraße 10, 55126 Mainz-Finthen, barrierefrei, www.finther-obstlaedchen.de // ÖPNV Bus 55, 56, 71, Haltestelle Markthalle // Öffnungszeiten Mo–Fr 8–18.30 Uhr, Sa 8–16 Uhr, So 9–12 Uhr

TIPP: In der historischen Markthalle direkt gegenüber in der Kurmainzstraße kann man seine Einkäufe fortsetzen und in dem Bistro auf einen leckeren Flammkuchen einkehren (www.bistro-alte-markthalle.de).

59_ DAS MITSPIEL-THEATER

Bühne frei für Kinder

»Wer möchte denn ein Täubchen sein?«, fragt Aschenputtel. Sofort schnellen die Finger hoch, und schließlich helfen fünf Kinder mit Federmasken der Prinzessin-to-be beim Auslesen der Linsen. Dass die Bühne voller Kinder ist, wundert beim Galli-Mitspieltheater niemanden. Denn hier wirken die Kinder aktiv am Theaterstück mit.

»Bei dieser Form von Kindertheater kann man mit wenigen Mitteln viel bewirken«, sagt Kim Manuel Reuter, der 2017 zusammen mit Anna Hinrichs die »Galli-Company Mainz« in Gonsenheim gründete. Das Mitspieltheater zeigt Einpersonenstücke, die mit wenig Requisiten und einfachen Kostümen für die Kinder auskommen. Eine Schauspielerin erzählt die Geschichte und schlüpft selbst in wechselnde Rollen. Begleitet wird das Stück von passenden Liedern der Galli-Company, die zum Mitsingen einladen.

Jede Aufführung des Mitspieltheaters ist einzigartig. Da kann es auch mal passieren, dass der Prinz lieber mit der fiesen Stiefschwester als mit Aschenputtel tanzen will. Doch das macht die Geschichte für die großen und kleinen Zuschauer nur umso lustiger.

Als Aschenputtel endlich in den gläsernen Schuh steigen darf, ist dieser leider ein paar Nummern zu groß. Zum Glück kann das Publikum in diesem Theater mitreden und bestimmt kurzerhand, dass der Schuh wie angegossen passt.

So heißt es auch dieses Mal: Und wenn sie nicht gestorben sind, dann leben sie noch heute.

TIPP: Auch in der Innenstadt, im KUZ (www.kulturzentrummainz.de) und im Unterhaus (www.unterhaus-mainz.de) werden immer wieder Theaterstücke für Kinder gezeigt, die zum Mitfiebern animieren.

Adresse Kurt-Schumacher-Straße 41B, 55124 Mainz-Gonsenheim, barrierefrei, www.galli-mainz.de, Tel. 06131/4925313 // **ÖPNV** Bus 6, Haltestelle Canisiusstraße // ab 3 Jahren

60_DIE MODELL-EISENBAHN

Miniaturwelt im Krankenhaus

Es ist Viertel vor: Lichter gehen an, ein Surren ertönt, und der erste Zug setzt sich in Bewegung. Die Kinder juchzen und rennen ihm hinterher. Er fährt durch den Tunnel, am Fluss entlang und um die Stadt herum. Dass man sich hier eigentlich im Foyer eines Kinderkrankenhauses befindet, ist schnell vergessen.

Die Miniaturwelt mit Eisenbahn wurde 1995 zur Eröffnung der Kinderklinik vom »Modellbahnclub Mainz« (MCM 70) aufgebaut. 2009 musste sie komplett erneuert werden. 50 Meter Gleise und 200 Figuren wurden in rund 1.000 Arbeitsstunden verlegt. Nun zockeln die Züge und sogar eine Straßenbahn einmal pro Stunde durch den Glasschaukasten. Kinder können um die gesamte Anlage herumlaufen und die Züge verfolgen, die sich schon für Kindergartenkinder auf Augenhöhe bewegen.

Es gibt immer wieder neue Details in dieser Miniaturwelt zu entdecken, auch bei der zehnten Umrundung noch: Badegäste am Flussufer, Handwerker auf der Baustelle, Polizisten auf Verbrecherjagd. Besonders schön sind die Referenzen an den Standort Uniklinik. Scharfe Kinderaugen entdecken Krankenwagen und einen Verletzten, der auf einer Trage abtransportiert wird.

Nach 15 Minuten schaltet sich die Anlage wieder aus, und die Besucher finden sich in der normalgroßen Welt wieder. Doch die Faszination bleibt, selbst ohne blinkende Lichter und fahrende Züge.

Adresse Langenbeckstraße 1, 55131 Mainz-Oberstadt, barrierefrei // ÖPNV Bus 9, 62, 63, 67, 76, Haltestelle Universitätsmedizin // Öffnungszeiten Die Modelleisenbahnanlage schaltet sich zwischen 9 und 18 Uhr immer zur Dreiviertelstunde an. // ab 3 Jahren

TIPP: Nebenan auf dem Kinderklinikspielplatz geht die Phantasiereise gleich weiter. Dort steht ein riesiges Schiff, welches dank Rampe auch mit Rollstühlen befahrbar ist.

61_DER MOMBEACH

Urlaubsfeeling in Auenlandschaft

Um herauszufinden, wieso das Mombacher Rheinufer von Mainzern »Mombeach« genannt wird, reicht ein Besuch an einem warmen Sommertag: weißer Strand, Schatten spendende Bäume und das leise Plätschern des Wassers lassen Urlaubsgefühle bei Kindern und Eltern aufkommen.

Allein die Anreise zum Mombacher Rheinufer gleicht einem abenteuerlichen Ausflug in fremde Gefilde. Der Weg unter der Schiersteiner Brücke hindurch ist nur zu Fuß oder mit dem Fahrrad zugänglich. Das Auto lässt man am besten auf einem der Parkplätze am Mombacher Kreisel zurück. Über eine Wiese gelangen die Reisenden schließlich zur bewaldeten Aue, wo ein Waldweg, markiert mit blauen Pfählen, direkt am Rheinufer entlang bis zu den sandigen Buchten verläuft.

Die Mühe, Grill- und Badesachen auf diesen holprigen Pfaden mitzunehmen, können sich Ausflügler übrigens sparen, denn beides ist in dem Naturschutzgebiet verboten. Die Auenlandschaft beherbergt eine sehr spezielle, schützenswerte Flora und Fauna, die anderenorts bereits der Flussregulierung zum Opfer gefallen ist.

Die hohen Weiden, Eschen und Ulmen, die das Mombacher Rheinufer säumen und vom Wasser umspült werden, schirmen das Ufer komplett von den Geräuschen und Gerüchen der Stadt ab. So fällt der Blick auf den äußeren Zipfel der Rheininsel und das gegenüberliegende Schierstein. Und abends, wenn die Sonne untergeht, auf den goldenen Rhein, der jeden Gedanken an Urlaub in fernen Länder verblassen lässt.

TIPP: Nicht ganz so abgeschieden, aber dafür genauso sandig ist das Mainufer bei der Kostheimer Brücke zwischen Kostheim und Gustavsburg. Bewirtschaftete Rheinstrände gibt es außerdem am Fuße der Theodor-Heuß-Brücke auf beiden Rheinseiten.

Adresse Rheinallee 130, 55120 Mainz // ÖPNV Bus 76, 78, Haltestelle Mombacher Kreisel // ab 3 Jahren

62_DIE NARRENKAPPE

Was scheppert denn da?

Jeder Mainzer und jede Mainzerin ist schon an ihr vorbeigeschlendert, bei Stadtführungen gehört sie zum festen Repertoire: die Heunensäule auf dem Domplatz. Der 16 Tonnen schwere und 6,40 Meter hohe Sandsteinmonolith, der im 11. Jahrhundert wohl ursprünglich für den Mainzer Dom gehauen wurde, hat im Jahr 1975 immerhin einen Platz davor ergattert.

Ob Johannisnacht, Wochen- oder Weihnachtsmarkt, alle großen Mainzer Ereignisse spielen sich um die Heunensäule herum ab. Bei dem ganzen Trubel an den Essensständen und Karussells rückt der Hüne (oder wie es früher hieß: der Heune) schnell in den Hintergrund.

Dabei hat die Säule bei genauerer Betrachtung einiges zu bieten. Denn sie ist von einer Ummantelung aus Bronze umgeben, die zum Anfassen, Draufsteigen und Entdecken anregt. Und ganz nebenbei erfährt man einiges über die Mainzer Stadtgeschichte. Scharfe Kinderaugen werden bestimmt bald das Mainzer Rad in unterschiedlichen Ausführungen erspähen, und neugierige Kinderhände ertasten im römischen Soldatenhelm einen Fuchs und drei Mäuse, die an das Rathaus, den sogenannten »Fuchsbau« erinnern sollen.

Das pfiffigste Detail, das der Bildhauer Gernot Rumpf in die Bronzeskulptur eingebaut hat, ist die Narrenkappe. Deren Spitze lässt sich nämlich nach innen drücken und gibt beim Zurückfallen ein lautes Scheppern von sich. Kinder, die darum wissen, lassen die Heunensäule nicht mehr links liegen. Nein, sie lassen sie bei jeder Gelegenheit ordentlich scheppern.

Adresse Markt, 55116 Mainz-Innenstadt, barrierefrei // ÖPNV Bus 28, 54–57, 60–65, 68, 70, 71, Haltestelle Höfchen/Listmann // ab 5 Jahren

TIPP: Alle, die Lust auf noch mehr Mainzer Stadtgeschichte haben, können im Tourist Service Center in der Rheinallee eine Stadtrallye für Kinder ausleihen oder eine Führung buchen (www.mainz-tourismus.com).

63_DER NEUSTADT-GARTEN

Urbanes Gärtnern im Hinterhof

Die Neustadt ist eines der begehrtesten Stadtviertel von Mainz. Wen wundert es da, dass die Häuser immer dichter zusammenrücken und die Grünflächen dahinschmelzen. Nicht so in der Forsterstraße. Wer hier im Sommer in die unscheinbare Toreinfahrt der Nummern 34 bis 38 einbiegt, landet in einem grünen Idyll. Bienen summen, Kräuter duften und Menschen gärtnern einträchtig Seite an Seite.

Das Gartenfeld wurde im Jahr 2013 auf Initiative des BUND aus dem Boden gestampft. Der Name beruft sich auf das ehemalige Mainzer Gelände »Gartenfeld«, das schon früher von privaten Nutzgärten gekennzeichnet war. In dieser Tradition macht das heutige »Gartenfeld« ein Stück Stadt nutzbar. Unkomplizierte Gemüsesorten, Beeren und Kräuter werden hier gemeinschaftlich angebaut und geerntet. Mehrere Insektenhotels unterstützen den Artenreichtum der Bestäuber. Regelmäßige Treffen und gemeinsame Gartenaktionen sorgen für einen regen Austausch zwischen den Stadtgärtnern. Alle sind willkommen und können sich einbringen. Auch Familien.

Kinder können beim Gartenfeld in der Erde buddeln, Pflanzen gießen, Insekten beobachten und stolz die ein oder andere Tomate ernten. Nebenan stehen ein paar kleine Spielgeräte bereit, sollte die Begeisterung für das Grün mal nicht von Dauer sein. Und auf dem Heimweg mit der eigenen Ernte unterm Arm wirkt die Neustadt schon gleich viel grüner.

Adresse Forsterstraße 34–38, 55118 Mainz-Neustadt, barrierefrei, www.gartenfeld mainz.de // **ÖPNV** Bus 62, 63, 67, Haltestelle Sömmeringstraße // **Öffnungszeiten** immer

TIPP: Gemeinschaftlich Gärtnern geht auch im Gonsbachtal an der Ochsenwiese bei der »Feinen Krume« (feinekrume.wordpress.com).

64_ DER OBSTHOF

Happels Appel frisch vom Baum

Fuji und Santana, Jamba und Mutsu: Was nach exotischen Früchten klingt, sind in Wirklichkeit Apfelsorten, die an den Bäumen von »Appel Happel« hängen und darauf warten, gepflückt zu werden. Der Familienbetrieb baut 15 Apfelsorten auf den Feldern rund um seinen Hof in Marienborn an.

In der Erntezeit von August bis Oktober können Kinder ihre Lieblingssorten dort frisch vom Baum ernten. Mit Schubkarre und Behältern vom Hof ausgestattet, ist das Pflücken an den niedrigen Bäumen selbst für kurze Arme ein Leichtes. Danach genießen Familien bei einem Picknick auf der alten Obstbaumwiese hinter dem Hof die warmen Sonnenstrahlen, sonntags mit Kaffee und Kuchen. Der Höhepunkt der Apfelernte ist das alljährliche Apfelfest mit Ponyreiten, Bastelstationen und vielen anderen Aktionen für Kinder.

Seit seiner Gründung 1996 ist der Obsthof auch ein Lernort für die ganze Familie. Bei Kindergeburtstagen, Festen und Führungen erfahren kleine und große Besucher und Besucherinnen alles über »Appel Happels« Äpfel: vom Anbau über die Ernte bis hin zu ihrer Verarbeitung zu Saft. Und der schmeckt frisch gepresst besonders lecker, merken Kinder bei der Vorführung der handbetriebenen Saftpresse.

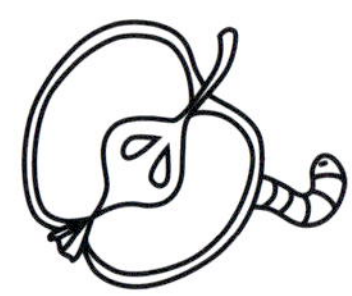

Der Saft, aber auch Marmeladen, andere Obst- und Gemüsesorten aus hofeigenem Anbau sowie Eier und Wurst von regionalen Erzeugern werden das ganze Jahr hindurch im Bauernladen von »Appel Happel« verkauft. Und wer mit dem Essen schneller war als mit dem Pflücken, findet hier natürlich auch seine Lieblingsapfelsorte vom Feld nebenan.

Adresse Marienborner Bergweg 33, 55127 Mainz-Marienborn, barrierefrei // **ÖPNV** Straßenbahn 51, 53, Haltestelle VRM, Bus 71, 75, Haltestelle Medienberg // **Öffnungszeiten** Pflückzeiten siehe Homepage www.appel-happel.de, Tel. 06131/35905

TIPP: Wer nach all den Äpfeln Lust auf etwas Deftiges bekommen hat, kann direkt nebenan in das Restaurant »Jedermann's« einkehren, wo frische, regionale Küche auch im Biergarten serviert wird (www.jedermanns-mainz.de).

65_ DIE OPEN-AIR-GALERIE

Graffitikunst am Brückenkopf

Unterhalb des Kasteler Brückenkopfs befindet sich eine der größten Open-Air-Galerien Deutschlands. Rund 4.000 Quadratmeter Graffitikunst können Tag und Nacht von Spaziergängern bewundert werden. Sie entstanden im Rahmen des »Meeting Of Styles« (MOS), eines international renommierten Festivals, bei dem alljährlich das Areal um den Brückenkopf von Street-Art- und Graffiti-Künstlern aus aller Welt neu gestaltet wird. Das Festival ist im Jahr 2002 auf dem damals verlassenen Gelände des Wiesbadener Schlachthofs aus der Idee entstanden, Graffiti-Künstlern eine Plattform zu bieten, ihre Kunst zu zeigen und sich auszutauschen.

Das Gesamtkunstwerk, das bei dem Festival entsteht, prangt dann ein Jahr lang für alle sichtbar an den Häuserwänden und in der Unterführung unterhalb des Brückenkopfes, des derzeitigen Standorts des MOS. Die Graffitikünstler nutzen die ihnen zur Verfügung gestellte Fläche voll aus. Haushohe Szenen und Landschaften breiten sich wie Traumwelten vor dem Betrachter aus.

Kinder können sich in dieser ganz besonderen Galerie frei bewegen. Sie dürfen laut sein und rennen und sogar die Kunstwerke anfassen, die mit ihren schrillen Farben und witzigen Motiven um ihre Aufmerksamkeit buhlen. Ihre Lieblingsgraffiti können sie jeweils bis Juni betrachten, dann heißt es wieder: »Alles neu macht das ›Meeting of Styles‹!«

TIPP: Auch in der Mainzer Oberstadt in der Unterführung Geschwister-Scholl-Straße gibt es eine legale Graffitifläche, an der sich junge Künstler austoben können (mehr Informationen dazu unter www.jugend-in-mainz.de).

Adresse Rathausstraße, 55252 Mainz-Kastel, barrierefrei, www.meetingofstyles.com // ÖPNV Bus 6, 9, 28, 54–57, 68, Haltestelle Brückenkopf // ab 3 Jahren

66_DER ORCHESTERSAAL

Klassik für Kleine

Das Gemurmel von etwa 50 Kindern und ihren Begleitpersonen hallt durch den Orchestersaal. Fünf Musiker und Musikerinnen treten zu ihren Instrumenten und lassen die ersten fröhlichen Töne erklingen. Schlagartig herrscht Stille auf den Besucherrängen. Die Kinder lauschen gebannt der Geschichte der Bunten Vögel, die hier mit Musik von Respighi und anderen Komponisten erzählt wird.

Die andächtige Stille hält bei den Ein- bis Fünfjährigen natürlich nicht lange an. Das ist bei den Kinderkonzerten des Philharmonischen Staatsorchesters aber auch gar nicht gewollt. Hier dürfen alle mitmachen. Der Erzähler und Leiter Atez Yilmaz wünscht sich eine Dschungelatmosphäre, und die Besucher geben ihr Bestes: wildes Affengeheul, laute Trompetenstöße und scharfes Schlangengezischel machen aus dem hell erleuchteten Saal im Nu einen dicht bewaldeten, schummrigen Dschungel.

Das Programm des Staatsorchesters ist für verschiedene Altersgruppen ausgelegt: Die Krabbelkonzerte für Babys und Kleinkinder sind zum Mitschunkeln, die Kinderkonzerte ab drei Jahren zum Mitklatschen und Stampfen. Kinder im Schulalter erleben Opern und lösen musikalische Krimis. Allen Kinderkonzerten wohnt der Zauber der Musik inne, der Kinder jeden Alters in seinen Bann schlägt.

Wenn das letzte Lied der Vögel erklingt, gibt es kein Halten mehr: Die Kinder stehen jetzt auf der Bühne, tanzen und trällern gemeinsam mit den Philharmonikern, im Einklang mit der Musik.

Adresse Tritonplatz 1, 55116 Mainz-Innenstadt // ÖPNV Bus 28, 54–57, 60–65, 68, 70, 71, Haltestelle Höfchen/Listmann // Öffnungszeiten Termine unter www.orchester-mainz.de, Tel. 06131/2851222

TIPP: Nebenan in der Fuststraße verwöhnt das »Pausen-kult(ur)« seine kleinen und großen Gäste mit herzhaften und süßen Snacks, bei gutem Wetter auch draußen. Ein Wickeltisch ist vorhanden.

67_DIE PIRATENBURG

Rückzugsort mit Rheinblick

Hinter dem dichten Blattwerk der Pappeln verborgen liegt sie, die Piratenburg. Nur die mutigsten Schmuggler und Piratinnen schaffen es, sie zu erklimmen, ohne in dem riesengroßen Spinnennetz stecken zu bleiben. Das mit Piratenflaggen geschmückte Klettergerüst steht auf einem Spielplatz, der sich in einer Senke zwischen Taunusstraße und Rheinpromenade den Blicken der Spaziergänger fast vollständig entzieht. Dank dieser Abgeschiedenheit können sich Kinder hier wie auf einer einsamen Pirateninsel fühlen, mit Blick auf Gevatter Rhein und seine kreuzenden Dampfer.

Kinder und Eltern aus der Nachbarschaft wählten 2016 die Piratenburg als neues Klettergerüst für den Spielplatz aus. Sie ergänzt perfekt das schon bestehende Ensemble aus Piratenschiff und Hai-Wippe. Verschiedene Übergänge zwischen den Klettertürmen laden größere Kinder zu waghalsigen Balanceakten ein, die eines Matrosen würdig sind.

Aber auch Eltern von Kleinkindern kommen immer wieder gern auf den umzäunten Spielplatz, wenn sie ihn einmal entdeckt haben. Hier entwischen auch die neugierigsten Kinder nicht so schnell – die wenigsten versuchen es überhaupt, sind doch Spielsand, Hängematte und Ausguck vom Piratenschiff viel zu spannend.

Wenn sich im Sommer auf den angrenzenden Neustadtwiesen die Sonnenanbeter einfinden, bleibt es auf dem Spielplatz dank hoher Bäume angenehm kühl. So kommen die kleinen Piraten und Schmugglerinnen in ihrer Burg nicht allzu sehr ins Schwitzen.

TIPP: Für noch mehr Erfrischung an heißen Tagen kann die Piratenbande in das kühle Nass der »Frauenlob-Barke« (Höhe Frauenlobstraße) springen.

Adresse Taunusstraße 39, 55118 Mainz-Neustadt // ÖPNV Bus 54, 55, 60, 63, 64, 70, 71, 76, Haltestelle Feldbergstraße/Mainzer Stadtwerke // ab 2 Jahren

68_DAS PLANSCHBECKEN

Von der Radrennbahn zum Wasserspielplatz

Wenn die Oberstädter sagen, sie gehen mit ihren Kindern zum Planschbecken, dann meinen sie vermutlich eher nicht das kleine Plastikding im Hinterhof, sondern den ausgewachsenen Wasserspielplatz am Fort Elisabeth. Das sogenannte Planschbecken hat schon verschiedenste Namen getragen und eine bewegte Geschichte.

Ende des 19. Jahrhunderts wurde das Gelände als Velodrom, also als Radrennbahn, erbaut. Mit ein bisschen Phantasie erahnt man noch die Steilkurven der Fahrbahn, dort, wo heute der Rasen am Rande des Spielplatzes wächst. Später wurde das Areal zum Fußballplatz, zur Caféterrasse und sogar zur Schlittschuhbahn umfunktioniert, wobei die heutige Nutzung als Wasserspielplatz den Mainzer Kindern sicherlich die liebste ist.

Ein großes Klettergerüst, ein Sandkasten, ein paar Wackeltiere, eine Wippe, eine Netzschaukel und ein aufregendes Karussell, das etwas versteckt im Gebüsch liegt, sorgen dafür, dass sich ein Besuch rund ums Jahr lohnt. Aber erst im Sommer wird das Planschbecken seinem Namen richtig gerecht. Dann fließt Wasser durch eine große Rinne. Kinder lassen hier ihre Spielzeugboote fahren oder waten selbst hindurch.

Aber am aufregendsten sind wohl die Duschen, die Wasser auf Knopfdruck über den Platz sprühen, ähnlich wie beim Rasensprengen im heimischen Garten. Dann flitzen die Kinder kreischend und Haken schlagend über den Platz, gern auch mit dem Fahrrad. Ganz wie in alten Zeiten, könnte man meinen.

Adresse Am Fort Elisabeth 27, 55131 Mainz-Oberstadt, barrierefrei // **ÖPNV** Tram 50, 52, 53, Haltestelle Am Gautor

TIPP: Das Planschbecken befindet sich im Mainzer Grüngürtel, dem man bis zum Volkspark oder in die andere Richtung bis zur Bastion Alexander bequem über Fußgänger- und Fahrradwege folgen kann.

69_DER POOL

Mit Skateboard und BMX-Rad durch das Becken

Gegenüber von Weisenau, in der Gemeinde Ginsheim, tummeln sich nachmittags Kinder und Jugendliche auf einer betonierten Fläche. Denn die Skateanlage im Jugend- und Sportpark Ginsheim bietet mit ihren 1.000 Quadratmetern Gesamtfläche ungewöhnlich viel Platz für Skater und BMX-Fahrer. Nicht nur die Schüler der benachbarten Gesamtschule, sondern auch Kinder aus Mainz und Wiesbaden kommen hierher, um sich mit ihren Skateboards, BMX-Rädern, Scootern und Waveboards an der kurvigen Oberfläche abzuarbeiten.

Die bunt besprayten Flächen des Skateparks aus Vollbeton sind gespickt mit Hindernissen: ein paar »Ramps«, ein »Table« und eine lange »Rail«, an denen Skater und BMX-Fahrer ihre waghalsigen Tricks üben. Besonderes Highlight ist der »Pool«, auch »Bowl« genannt, ein in den Boden eingelassenes Becken, dessen schräge Seitenwände sich gut für eine ganze Reihe von Sprüngen eignen.

Daniel ist mit seinem BMX-Rad aus einem Nachbarort hergekommen und freut sich über den sehr guten baulichen Zustand der Anlage. Unermüdlich fährt und springt er hier zusammen mit seinem kleinen Bruder, beide geschützt mit einem Helm, wie es die Benutzungsregeln der Anlage vorschreiben.

Nach einem langen Tag voller »Flips«, »Grinds« und »Barspins« muss der Spaß aber noch kein Ende haben. Denn die Skateanlage ist mit Flutlicht ausgestattet, das auf Anfrage beim Kinder- und Jugendbüro gleich nebenan angeschaltet wird.

Adresse Vorm Anthaupt 6, 65462 Ginsheim-Gustavsburg // ÖPNV Bus 54, 60, 72, Haltestelle Bouguenais-Allee/Schiffsmühle // Öffnungszeiten immer zugänglich // ab 6 Jahren

TIPP: BMX- und Mountainbike-Fans, die der Straße Vorm Anthaupt Richtung Autobahn folgen, gelangen auf eine »Dirt-Jump-Strecke«, wo sie mit ihren Rädern über Erdhügel springen beziehungsweise fliegen können.

70_DER PROFI-TRAININGSPLATZ

Der ersten Mannschaft ganz nah

Echten Fußballprofis einmal richtig nahe zu sein, davon träumen viele Kinder. Die Mainzer pilgern dafür in rot-weißen Scharen zu den Bundesligaspielen in die große Opel-Arena. Am kleineren Bruchwegstadion jedoch, der alten Heimat von Mainz 05, kann man die Fußballer auch ohne den ganzen Trubel erleben. Denn hier findet alle paar Wochen das Training der ersten Mannschaft statt – und zwar in aller Öffentlichkeit.

Herrlich unaufgeregt ist die Atmosphäre auf dem Fußballfeld neben dem Stadion. Bei Wind und Wetter joggen die gut 20 Fußballer über das Grün. Die Trainer stehen an der Seitenlinie, nur wenige Meter von der Balustrade entfernt, an der sich schon ein paar Zuschauer versammelt haben, und besprechen sich. Dann wird auf ihre Anweisung hin gepasst, gedribbelt, gehüpft und gehalten, was das Zeug hält.

Zum Ende des Trainings werden Teams gebildet und Spielabläufe geprobt. Aber natürlich nur die, von denen auch die Gegner erfahren dürfen. Denn hier darf wirklich jeder zuschauen. Jugendliche lehnen lässig am Geländer. Mainz-05-Fans schauen vorbei und machen sich ein Bild vom Zustand ihrer Mannschaft.

Kinder stehen mit großen Augen an der Seitenlinie und beobachten atemlos, wie sich der Torwart dem Ball entgegenwirft. Hin und wieder rollt ein Ball über die Seitenlinie und wird von ihnen mit viel Elan zurückgekickt. Dann strahlen sie über das ganze Gesicht. Einen Ballwechsel mit den Profis hat man schließlich nicht alle Tage.

Adresse Dr.-Martin-Luther-King-Weg 15, 55122 Mainz, barrierefrei // **ÖPNV** Bus 64, 65, 78, 91, Haltestelle King-Park-Center/Bruchwegstadion // **Öffnungszeiten** Termine siehe www.mainz05.de // ab 4 Jahren

TIPP: Die Opel-Arena bietet mit der 05er-Kids-Tour eine Stadionführung an, bei der Kinder zwischen sechs und zwölf viele spannende Dinge über den Sport und die Spieler erfahren.

71_DIE RADIOSTATION

Hörfunk zum Anschauen

Schlagfertige Ansagen, gefolgt von den neusten Hits, witzigen O-Tönen und spannenden Neuigkeiten: Beim Radiohören wird Kindern nicht so schnell langweilig. Aber wie wird Radio eigentlich gemacht? Der einfachste Weg, das herauszufinden, ist ein Ausflug zum Sendezentrum der »Antenne Mainz« in der Oberstadt.

Radiobegeisterte Kinder können einen Blick durch die Glasfenster des Studios werfen und ihren Lieblingsmoderatoren bei der Arbeit zusehen oder sich bei einer Führung alles genau erklären lassen. Dann erfahren sie, wie eine Radiosendung vorbereitet wird und was die Moderatoren neben dem Sprechen eigentlich sonst noch alles machen. Für irgendetwas müssen die vielen Bildschirme, Mikrofone und Tastaturen im Studio schließlich da sein.

Seit der Geburtsstunde des Senders im Oktober 2011 schallt den Mainzern auf der Radiowelle 106.6, über das Digitalradio DAB+ und als Stream im Internet der Slogan »Antenne Mainz: Deine Stadt. Dein Sender« entgegen. Für den Lokalsender stehen Menschen, Nachrichten und Veranstaltungen aus dem Antenne-Mainz-Land im Mittelpunkt des Programms. Das können beispielsweise Straßenumfragen, Neuigkeiten von Mainz 05 oder das aktuelle Kinoprogramm vor Ort sein.

Bei musikbegeisterten Kindern und Jugendlichen ist die »Antenne Mainz Chartshow« am Freitagabend besonders beliebt, wenn die »Top 20« sowie angesagte Newcomer gespielt werden. Und sollte das Gewünschte einmal nicht dabei sein, nimmt der Sender Musikwünsche über Homepage und Hörertelefon entgegen.

Adresse Hechtsheimer Straße 35, 55131 Mainz-Oberstadt, barrierefrei // ÖPNV Bus 9, 64, 65, Haltestelle Martin-Luther-Straße/Antenne Mainz // Öffnungszeiten Führungen auf Anfrage, www.antenne-mainz.de, Tel. 06131/3043440 // ab 5 Jahren

TIPP: Rockfans haben auch bei »Rockland Radio« in der Wallstraße freie Sicht in das Studio (www.rockland.de). In der Turmstraße hat außerdem der Sender »RPR1«, der immer wieder Aktionen für Kinder macht, eins seiner Studios (www.rpr1.de).

72_DAS REPAIR-CAFÉ

Ein zweites Leben für das Lieblingsspielzeug

Ein rosa Plüscheinhorn liegt mit offenem Bauch auf dem Tisch und wird von seiner kleinen Besitzerin und einem Elektriker mit einem Spannungsmessgerät untersucht. Dies ist nur ein Reparaturversuch von vielen, die sich einmal im Monat in der Windmühlenschule abspielen, wenn das »Repair Café« seine Pforten öffnet. Dann stehen die Menschen mit ihren kaputten Radios, Hosen und Laptops unterm Arm im Schulkeller Schlange.

Zum Überbrücken der Wartezeit bietet das Repair Café ein umfassendes Rahmenprogramm: Im »Umsonstlädchen« und beim Kleidertausch können die Gäste Bücher, Krimskrams und Kleidung abgeben, mitnehmen oder tauschen. Am reichhaltigen Buffet, das mit Hilfe des »Foodsharing Mainz« bestückt wird, kommt man bei Kaffee und Gebäck ins Gespräch. Jeder hier unterstützt die Idee, aus der im Jahr 2013 das Repair Café unter der Schirmherrschaft des evangelischen Dekanats Mainz entstanden ist: reparieren statt wegwerfen.

Für anspruchsvolle Reparaturen steht fachkundiges Personal bereit: Elektriker, Fahrradmechaniker, eine Schneiderin und sogar eine Uhrmacherin stellen ihr Können unter Beweis und ihr Material zur Verfügung. Aber auch jede Heimwerkerin und jeder Bastler ist im ehrenamtlichen Team willkommen, solange er oder sie das Interesse mitbringt, anderen Leuten zu helfen. Denn hier wird gemeinsam mit den Hilfesuchenden repariert. So bekommen schon Kinder ein Gefühl dafür, was ihrem kaputten Spielzeug fehlt und ob das geliebte Plüscheinhorn nur einen Batteriewechsel oder doch eine neue Verkabelung braucht, um weiterzuleben.

Adresse Generaloberst-Beck-Straße 1, 55129 Mainz-Hechtsheim // ÖPNV Tram 50, 52, 53, Bus 9, 66, 67, Haltestelle Kurmainz Kaserne // Öffnungszeiten Termine siehe www.repaircafemainz.de // ab 4 Jahren

TIPP: Wer Lebensmittel vor der Mülltonne retten möchte, findet über www.foodsharing.de eine Karte der »Fair-Teiler«, öffentlich zugänglicher Schränke für überschüssige Lebensmittel wie zum Beispiel der Altstadtverteiler an der Weltmusikakademie in der Neutorstraße.

73_DAS RHEIN-AQUARIUM

Ein Blick unter die Wasseroberfläche

Der Rhein ist ein beeindruckendes Gewässer: Riesige Brücken spannen sich auf Betonpfeilern darüber, und monströse Schiffe fahren darauf. Aber wie sieht es eigentlich unter der Wasseroberfläche aus? Um dies herauszufinden, reicht es, zum Brückenpfeiler der Theodor-Heuss-Brücke zu spazieren. Denn da ist das Aquarium der Rheinwasseruntersuchungsstation Mainz-Wiesbaden, das nicht nur Rheinwasser, sondern auch echte Rheinfische enthält.

Die Untersuchungsstation gehört zu den ältesten in Rheinland-Pfalz. Sie wurde 1976 eingeweiht mit dem Ziel, den Rhein, die wohl wichtigste Landmarke von von Mainz und Wiesbaden, vor zu hoher Verschmutzung und damit die Lebewesen im Fluss zu schützen.

Seitdem werden an den vier Brückenpfeilern Temperatur, pH-Wert, elektrische Leitfähigkeit, Sauerstoffgehalt und die Trübung des Wassers gemessen. Wer sich ausführlicher über die Messwerte informieren möchte, kann den Bildschirm im Schaufenster befragen. Hier bekommt man auch Informationen zu den Fischen, die aktuell im Aquarium schwimmen.

Schatztruhen und anderen Schnickschnack wird man in diesem Becken übrigens vergeblich suchen. Die Fische schwimmen durch die Pflanzen- und Steinlandschaft, die sie vom heimischen Flussbett gewöhnt sind.

Das Rheinaquarium macht die Unterwasserwelt des großen Flusses authentisch sichtbar und zeigt Kindern und Erwachsenen, die ein Blick hineinwerfen und das bunt schillernde Leben darin bewundern: Es ist eine wundervolle, schützenswerte Welt.

Adresse Adenauer-Ufer 10, 55116 Mainz-Innenstadt, barrierefrei // ÖPNV Bus 6, 9, 28, 54–57, 68, 70, Haltestelle Landtag // ab 3 Jahren

TIPP: Von März bis November findet am Rheinufer regelmäßig der Mainzer Krempelmarkt statt. Von der Theodor-Heuss-Brücke bis zum Roten Tor ist der Kinderbereich, in dem nur Kinder verkaufen dürfen.

74_ DIE RHEININSEL

Aus dem Alltag raus und zu den Auen hin

Schon die Anreise zu den beiden Rettbergsauen auf der Rheininsel ist ein Erlebnis für Kinder. Vom Biebricher Rheinufer und dem Schiersteiner Hafen schippert die kleine Personenfähre »Tamara« Ausflügler hinüber. Sowohl die Biebricher als auch die Schiersteiner Rettbergsaue sind wahre Freizeitoasen für Kinder: Spielgeräte, Bolz- und Basketballplätze, Tischtennisplatten und Grillflächen.

Bei frühzeitiger Anmeldung dürfen Familien ihr Zelt aufstellen und übernachten. Dann können Kinder direkt morgens über das noch leere Gelände toben. Der Spielbereich von Biebrich bietet zusätzlich ein Volleyballfeld und eine Freiluftkegelbahn, das »Inselcafé« von Schierstein Leckereien für hungrige Gestrandete.

Die Zivilisation hält sich auf der 68 Hektar großen Rheininsel in Grenzen. 90 Prozent der Fläche bleiben der Natur vorbehalten. So können in dem Naturschutzgebiet Flora und Fauna umso besser gedeihen, was Schwarzmilane und Wildschweine freut.

Das war in der Geschichte der Rheininsel, benannt nach ihrem ehemaligen Besitzer, dem Freiherrn Carl von Rettberg, nicht immer so. 1962 mussten die beiden Strandbäder der Auen wegen des stark verschmutzten Rheinwassers geschlossen werden.

Heute können Kinder wieder bedenkenlos ihre Füße ins Wasser halten und an den Sandstränden Wasserschlösser errichten (Baden ist aufgrund der Strömungen untersagt). Nur an die letzte Fähre sollten die Familien denken, wenn sie nicht wie Robinson Crusoe auf einer abgelegenen Rheininsel stranden wollen.

TIPP: Der Park hinter dem eindrucksvollen Schloss Biebrich lädt mit mehreren Spielplätzen, Bachlauf, Ententeiher und Eisdielen drum herum zum Verweilen ein.

Adresse Anleger Biebrich: Rheingaustraße 144, 65203 Wiesbaden-Biebrich // **ÖPNV** Bus 9, Haltestelle Schloss // **Öffnungszeiten** Fahrtzeiten Fähre siehe www.tamara.rettbergsau.de // ab 3 Jahren

75_DAS RIESENKARUSSELL

Genug Platz für alle

Leise quietscht die Schaukel. Zwei Kinder buddeln einträchtig im Sand. Dann geht das Tor auf, und ein Dutzend Kindergartenkinder strömt auf den bis eben noch friedlichen Hopfengartenspielplatz. Bei jedem anderen Spielplatz dieser Größe käme es jetzt zu Gedränge. Die Rutsche wäre im Nullkommanix verstopft, die Schaukel belagert. Doch dieser Spielplatz hat etwas ganz Besonderes: ein Karussell, auf dem gleich mehrere Kitagruppen Platz haben.

Auch wenn es eher zum alten Eisen unter den Spielgeräten gehört, läuft das Riesenkarussell zuverlässig wie eine alte Dampflok. Es ist dabei vielleicht nicht ganz so wild wie seine kleineren Vertreter, beeindruckt aber allein durch seine Dimensionen. Hier kann auch mal ein ganzer Kindergeburtstag Platz und Spaß haben, Ponyreiten, Plumpsack oder eben Dampflokfahren spielen.

Eine weitere Besonderheit des Spielplatzes am Hopfengarten ist seine Spielplatzpatin. Heidi kümmert sich nun schon seit 20 Jahren darum, dass außer den großen Spielgeräten auch Buddelutensilien und kleinere Fahrgeräte bereitstehen. Die holt sie aus dem Häuschen, in dem es praktischerweise auch Toiletten gibt.

Übrigens lohnt es sich, auch einmal einen Blick auf die Rückseite der Steinmauer zu werfen, denn hier sind Klettergriffe befestigt. So können größere Kinder bouldern, während die Kleinen buddeln. Ein lauschiger Ort ist dieser Hopfengartenspielplatz, ganz egal wie viele Kinder sich hier tummeln mögen.

Adresse Hopfengarten 8–20, 55116 Mainz-Innenstadt // ÖPNV Bus 64, 65, 70, 71, Haltestelle Altstadt/Holzhof // Öffnungszeiten im Sommer 8–20 Uhr, im Winter 8–18 Uhr // ab 2 Jahren

TIPP: Immer donnerstags findet von 11 bis 18 Uhr direkt nebenan der Altstadtmarkt am Hopfengarten statt. Hier können Familien sich mit leckeren italienischen Antipasti, Kaffee und Traubensaftschorle versorgen.

76_DER RINGOFEN

Fangen spielen, wo einst Ziegel brannten

Bei jedem der vielen Feste auf dem Gelände der Alten Ziegelei ist das tunnelartige Gebäude mit den niedrigen Durchgängen ein wahrer Kindermagnet. Während draußen gegrillt, getanzt und gelacht wird, flitzen Kinder schier endlos durch den dunklen Rundgang und spielen Verstecken oder Fangen. Dass sie durch einen ehemaligen Ofen laufen, ist den meisten Partygästen jedoch nicht bewusst.

Im Jahr 1904 wurde der sogenannte Hoffmannsche Ringofen auf dem Ziegeleigelände von Ludwig Anselm Rosbach erbaut. Der Ofen brannte die Ziegel, die zuvor aus dem großen Lehmvorkommen der Umgebung geformt wurden. Dafür wurden die 16 Kammern reihum mit Ziegeln bestückt und befeuert. In der heißesten Kammer erreichte der Ofen eine Temperatur von bis zu 1.150 Grad Celsius.

Das Feuer wurde vom oberen Stockwerk gefüttert und geschürt. Heute befindet sich dort ein Ziegeleimuseum, das über 900 Ziegel und Backsteine aus 4.000 Jahren Menschheitsgeschichte zeigt. Besucher erfahren hier alles über die Funktionsweise eines Ringofens und die Bedeutung von Ziegeln von der Antike bis in die Gegenwart.

Nach der Schließung der Ziegelei in den 80er Jahren sorgte eine Bürgerinitiative aus Bretzenheim dafür, dass das denkmalgeschützte Gelände für alle nutzbar wurde. Um den hohen Schornstein herum haben sich inzwischen Goldschmiede-, Fahrrad- und Theaterwerkstätten angesiedelt. Außerdem ist die Alte Ziegelei ein beliebter Veranstaltungsort. Nicht zuletzt wegen des einzigartigen Ringofens.

TIPP: Kinder, die noch öfter das Ziegeleigelände und seine grüne Umgebung erforschen möchten, sind bei den Kinder- und Jugendgruppen des »BUND Mainz« gut aufgehoben (www.mainz.bund-rlp.de).

Adresse Alte Ziegelei 1, 55128 Mainz-Bretzenheim, barrierefrei, www.alteziegelei-mainz.de // **ÖPNV** Bus 70, 71, Haltestelle Alte Ziegelei // **Öffnungszeiten** Ringofen immer zugänglich, Ziegeleimuseum So 10–13 Uhr // ab 5 Jahren

77_DER RITTERTURM

Eines Burgfräuleins würdig

Ist dieser runde Steinturm mit seinen Spitzbögen, Buntglasfenstern und Zinnen das Überbleibsel einer mittelalterlichen Burg? Kinder, die schon den Ritter auf hohem Ross vorbeireiten sehen, setzen auf das falsche Pferd. In Wirklichkeit wurde der Lennebergturm erst im Jahr 1880 fertiggebaut. Der Mainzer Architekt Philipp Johann Berdellé plante den Turm im Stil der Neugotik. In diesem Architekturstil des 19. Jahrhunderts spielte man mit Formen und Elementen eines idealisierten Mittelalters. Auch der Lennebergturm ist fast zu romantisch, um wahr zu sein.

Warum der Lennebergverein damals einen Turm mitten in den Wald bauen ließ, verstehen Spaziergänger, sobald sie die 28 Stufen der Außentreppe und die 42 Stufen der Wendeltreppe hinauf zur Aussichtsplattform erklommen haben.

Über den Wipfeln des Lennebergwalds, über die Dächer von Mainz, Budenheim und Heidesheim hinweg bis hin zum Taunusgebirge, liegt ihnen eine atemberaubende Landschaft zu Füßen. Selbst kleine Kinder haben dank zweier Podeste neben der Tür freie Sicht durch die Burgzinnen.

»Schöne Aussicht« hieß dementsprechend auch schon die runde Plattform, die vor dem Turm auf dem etwa 177 Meter hohen Lenneberg gebaut worden war. Damals wie heute legen Wanderer des kleinen Höhenwegs hier gern eine Pause ein und genießen den Ausblick, die Kamera immer griffbereit. Man kann ja nie wissen, ob nicht doch noch ein Ritter vorbeireitet.

Adresse Im Wald 3, 55257 Budenheim // ÖPNV Bus 68, Haltestelle Schloss Waldthausen // Öffnungszeiten im Sommer jeden So oder auf Anfrage, www.lennebergverein.de // ab 3 Jahren

TIPP: Direkt nebenan serviert das Café und Restaurant »Am Turm« viele kindgerechte Speisen an gemütlichen Sitzplätzen drinnen wie draußen (www.turmmainz.de).

78_DER RODELBERG

Sanfte Abfahrt vom Finther Obsthügel

Es ist einer dieser seltenen Wintertage in Mainz, an denen Schnee fällt und liegen bleibt. Am Elmerberg versammeln sich ab dem späten Vormittag die ersten Familien. Kinder in voller Schneemontur ziehen Holzschlitten, Rutschteller und Plastikrodel hinter sich her und stapfen voller Vorfreude den Hügel hinauf. Oben angekommen, gleicht der Ausblick einem Wintermärchen: weiße Felder, die schneebedeckten Dächer Finthens, der Kirchturm von Sankt Martin.

Die Kinder schauen nicht lange, sondern stürzen sich direkt ins Rodelvergnügen. Die Abfahrt ist steil genug, um schnell richtig Fahrt aufzunehmen. Zum Bremsen reicht es, ein wenig nach links oder nach rechts auf den Feldrand zu lenken. Und Bremsmanöver sind oft gefragt, denn die Rodelbahn, die ja eigentlich ein nicht besonders breiter Feldweg ist, füllt sich schnell. Aber da auf den Elmerberg hauptsächlich Familien mit kleinen Kindern und keine ambitionierten Sportrodler kommen, ist die Stimmung entspannt. Und helfende Hände, falls sich doch mal zwei Schlitten verheddert haben, sind gleich zur Stelle.

Die meisten Leute halten sich nur so lange hier auf, wie das Rodeln Spaß macht, und stapfen dann wieder nach Hause. Hin und wieder trifft man aber auch auf Familien mit Thermoskannen voller heißem Punsch, die es sich im Schnee gemütlich machen. Vielleicht sieht man sich ja im Frühling wieder, wenn die Obstbäume blühen und die Kinder mit Fahrrädern statt mit Schlitten über den Elmerberg ziehen.

TIPP: Weitere stadtnahe Rodelstrecken gibt es im Hartenbergpark, an der Wallgrünanlage Bastion Alexander und im Volkspark beim Favorite Parkhotel. Ganz Sportliche finden in Wiesbaden auf der »Platte« mit Glühwein und Sprungschanzen ihr Rodelglück.

Adresse Am Elmerberg, 55126 Mainz-Finthen, barrierefrei // **ÖPNV** Bus 55, 56, 71, Haltestelle Markthalle // ab 4 Jahren

79_DIE ROLLSCHUHBAHN

Pirouetten drehen auf dem Goetheplatz

Wasserspielplatz, Liegewiese und Klettergerüst – Kinder und Eltern erwartet auf dem Goetheplatz der große Freizeitspaß. Doch wofür soll diese große, betonierte Fläche mit den aufgemalten Mustern gut sein? Spätestens wenn im Sommer der Arbeiter-, Roll- und Sportverein »Solidarität« die Fläche betritt und auf die Bahn rollt, geht den Zuschauern ein Licht auf.

Musik schallt durch Lautsprecher über den Platz, und Klein und Groß übt sich in einer Disziplin, die dem Eiskunstlaufen sehr ähnlich ist: dem Rollkunstlauf. 1898 gegründet, trainiert der ARSV schon seit vielen Jahrzehnten Kinder und Jugendliche, die ihr Können unter anderem bei Wettbewerben und Meisterschaften zur Schau stellen.

Aber auch wenn nicht gerade Rollkunstläuferinnen ihre Pirouetten drehen, finden sich auf der Rollschuhbahn am Goetheplatz Kinder ein, die ihre Inliner, Scooter, Skateboards oder sogar Einräder ausprobieren. Denn hier haben sie freie Bahn und fahren niemanden versehentlich um. Das Geländer der Bahn dient nicht nur der Abgrenzung, sondern auch als Stütze bei ersten Rollschuhlaufversuchen. Von den Bänken drum herum schauen Eltern und kleine Kinder gebannt den Bemühungen auf der Rollbahn zu und feuern die angehenden Rollkunstlaufenden an.

Und wenn die Kinder bis zur Erschöpfung den Platz rauf und runter gerollt sind, dann steht gleich nebenan der Wasserspielplatz mit Rutsche zur Abkühlung bereit.

Adresse Goetheplatz, 55116 Mainz-Neustadt, barrierefrei // ÖPNV Bus 62, 63, Haltestelle Goetheplatz // Öffnungszeiten Kurszeiten siehe www.arsv-mainz.de // ab 4 Jahren

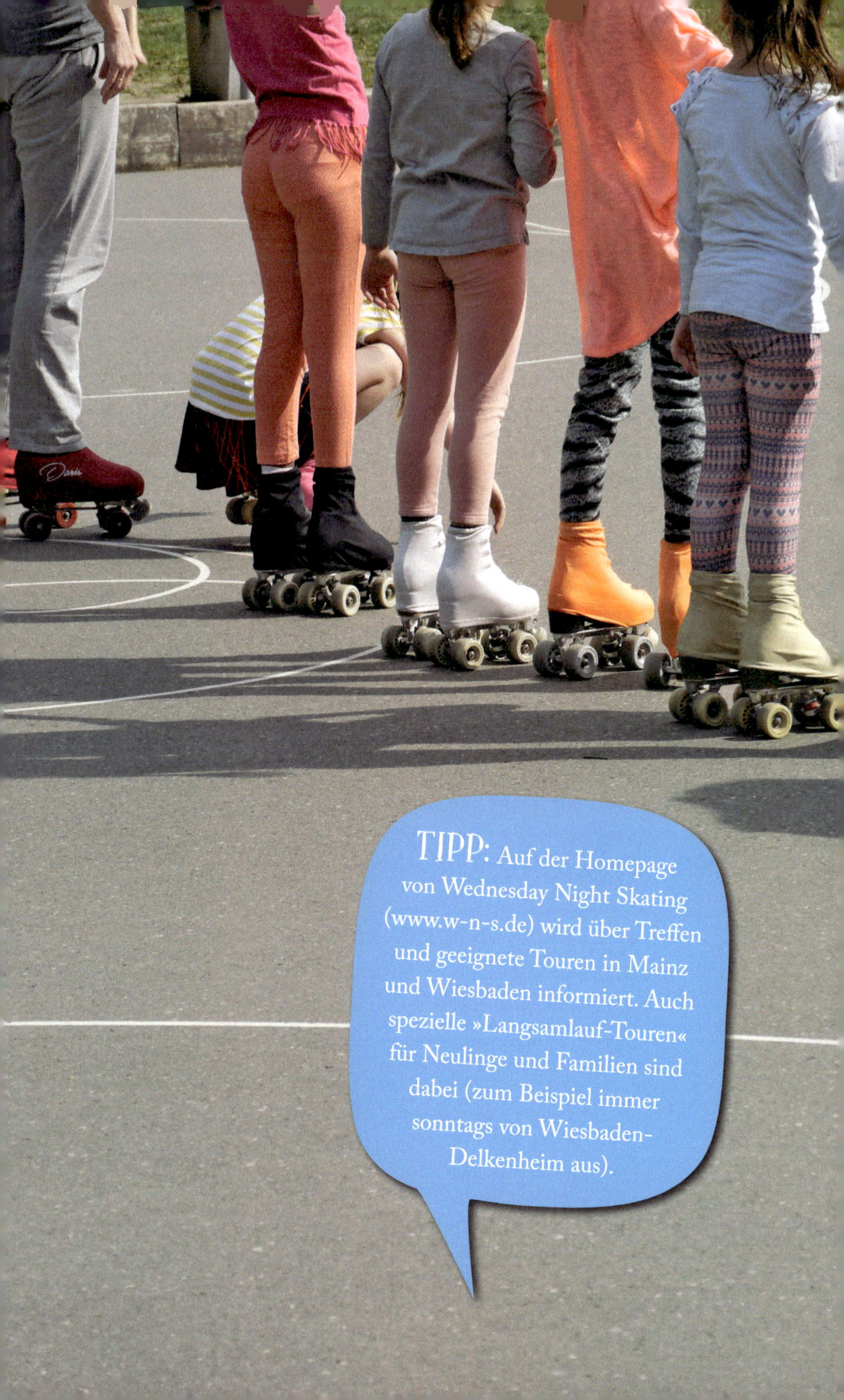

TIPP: Auf der Homepage von Wednesday Night Skating (www.w-n-s.de) wird über Treffen und geeignete Touren in Mainz und Wiesbaden informiert. Auch spezielle »Langsamlauf-Touren« für Neulinge und Familien sind dabei (zum Beispiel immer sonntags von Wiesbaden-Delkenheim aus).

80_DIE SCHAFWEIDE

Wo die zotteligsten Rasenmäher der Stadt grasen

Auf den Grünflächen rund um das ehemalige römische Aquädukt kann es passieren, dass man sich plötzlich einer blökenden Schafherde gegenübersieht. Das ist die Herde von Herrn Dorn, ehemaliger Fluglotse, nun Hirte.

Bis zu 50 Schafe hält der Hirte auf der Wiese zwischen Straßenbahngleisen und Wohnviertel. Für Mainzer Kinder ist es eine einmalige Gelegenheit, ganz nah am Tier dran zu sein: das Blöken zu hören, das Fell zu riechen und zu beobachten, wie die Schafe geschickt jede Böschung erklimmen.

Im Frühjahr lohnt sich ein Ausflug zu der Herde an den Römersteinen besonders. Dann können die Kinder den Lämmern bei den ersten Gehversuchen zuschauen. Auch das Schafschurfest im Sommer ist ein Erlebnis. Hier wird die Schur der Winterwolle mit Essen und Musik gefeiert. Zur Adventszeit schließlich findet ein Krippenspiel der besonderen Art statt: unter freiem Himmel und natürlich mit echten Schafen.

Trotz des emsigen Grasens freuen sich die Schafe, wenn man ihnen altes Brot mitbringt und in die dafür gedachte Tonne wirft. Erwischt man den Hirten oder einen seiner Helfer bei der Arbeit, dürfen die Kinder die Schafe auch mal direkt füttern. Ganz schön spannend kann das sein, von einer hungrigen Schafherde umringt zu werden.

Neben den Schafen haben sich inzwischen auch Hühner und Gänse rund um die Holzhütte angesiedelt. So ist die Enttäuschung der Kinder nicht allzu groß, sollten die Schafe mal auf einer anderen Wiese unterwegs sein und ahnungslose Mainzer überraschen.

Adresse Untere Zahlbacher Straße, 55128 Mainz-Bretzenheim, barrierefrei, www.freundeskreis-roemersteine.de // ÖPNV Tram 52, Haltestelle Römersteine // ab 2 Jahren

TIPP: Über »einfach schaf!«
können strickfreudige Kinder die Wolle
der Römersteinschafe beziehen und somit
die Arbeit des Hirten unterstützen
(wolle@freundeskreis-roemersteine.de).

81_DER SCHIEFE TURM

Hoch hinaus am Zollhafen

Für einen schiefen Turm müssen Mainzer Familien nicht erst nach Pisa pilgern. Es reicht ein Ausflug zum Zollhafen. Da steht er, grün schillernd und um genau sieben Grad geneigt: der schiefe Turm der Kunsthalle.

Im Jahr 2008 wurde die Mainzer Kunsthalle als der neue Ausstellungsort für zeitgenössische Kunst eingeweiht. In modernen »white cubes« werden Videoinstallationen, Performance-Kunst und eindrucksvolle Gebilde aus unterschiedlichsten Materialien gezeigt.

Kindern steht zu jeder Ausstellung eine Besuchermappe zur Verfügung, mit deren Hilfe sie die oft aktuellen Themen erforschen und verarbeiten können. Außerdem bietet die Kunsthalle regelmäßig Familienführungen an, zu denen Menschen jeden Alters willkommen sind.

Wer hoch hinaus möchte, gelangt mit dem Aufzug schnell und barrierefrei in das oberste Stockwerk des 21 Meter hohen Turms. Ein einzelner Ausstellungsraum mit breiter Fensterfront bietet einen phänomenalen Ausblick über den Zollhafen. Hier können Kinderaugen das alte Gebäude der Kunsthalle, das einst Kesselhaus und Maschinenraum war, von oben entdecken. Zeitzeugin dieser Vergangenheit als Energiezentrale von Mainz ist auch die originale Lok, abgestellt am Fuße der Kunsthalle. Auch der Rhein ist ganz nah mit seinen großen und kleinen Schiffen. Von hier oben können Kinder sie aus einer ganz neuen Perspektive bestaunen und ihnen vielleicht einen italienischen Gruß flussaufwärts mitgeben, Richtung Pisa.

Adresse Am Zollhafen 3–5, 55118 Mainz-Neustadt, barrierefrei, www.kunsthalle-mainz.de, Tel. 06131/126936 // ÖPNV Bus 54, 55, 60, 63, 64, 70, 71, 76, Haltestelle Feldbergplatz/Mainzer Stadtwerke // Öffnungszeiten Di, Do, Fr 10–18 Uhr, Mi 10–21 Uhr, Sa, So 11–18 Uhr // ab 6 Jahren

TIPP: Gastronomisch abrunden lässt sich die Turmbesteigung im ehemaligen Lokschuppen nebenan, im Café »7 Grad« (www.7-grad.de).

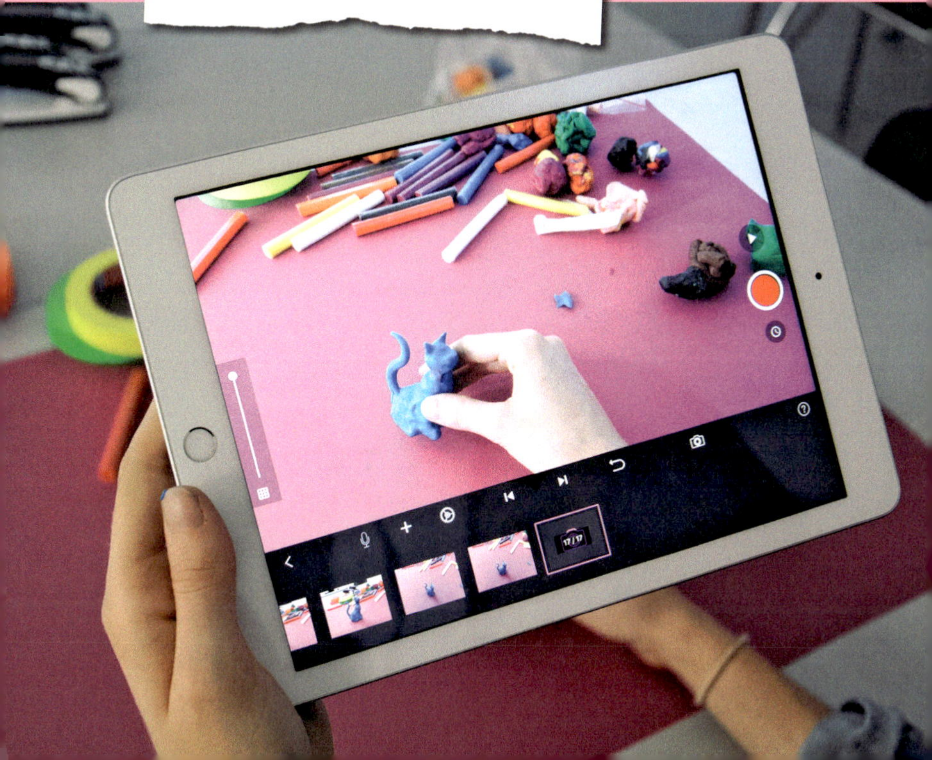

82_DIE SCHIFFSMÜHLE

Sie klappert wieder

Schon von Weitem hört man die klappernde Mühle am rauschenden Fluss. Der Anblick des schwimmenden Fachwerkhauses mit den zwei großen Mühlrädern überrascht trotzdem. Dabei lagen bis zum Ende des 19. Jahrhunderts noch 17 solcher Schiffsmühlen im Ginsheimer Altrheinarm vor Anker und prägten das Landschaftsbild. Sie nutzten die starke Strömung des Flusses, um Getreide zu mahlen. Schließlich mussten sie dem wachsenden Schifffahrtsverkehr weichen.

Die Rheinschiffsmühle, die seit dem Jahr 2015 vor Ginsheim liegt, ist eine Rekonstruktion jener historischen Mühlen, erbaut vom Verein »Historische Rheinschiffsmühle Ginsheim e. V.«. Besucher werden von einem fachkundigen Vereinsmitglied durch die authentisch eingerichtete Mühle geführt.

Alle Geräte, von den Becherwerken bis zu den Walzenstühlen, sind Originale aus stillgelegten Mühlen. Kinder dürfen selbst Hand anlegen, mit den schweren Römermühlsteinen Körner mahlen und mit dem Holzsieb das Mehl von der Kleie befreien. Per Knopfdruck werden die Maschinen in Bewegung gesetzt und vermitteln einen guten Eindruck von dem Lärm, von dem der Müller, der in einem kleinen Zimmer in der Schiffsmühle hauste, Tag und Nacht umgeben war.

Nicht nur Kinder sind von dem komplexen Verfahren beeindruckt, das es brauchte, um Mehl und Grieß aus dem Getreidekorn zu locken. Wofür die ganze Mühe, erzählt das alte Volkslied: »Der Müller, der füllt uns den schweren Sack, der Bäcker das Brot und den Kuchen uns backt.«

Adresse An der Schiffsmühle 1, 65462 Ginsheim-Gustavsburg // ÖPNV Bus 54, 60, Haltestelle Bougenais-Allee // Öffnungszeiten Nov.–Feb. 1. und 3. So im Monat 13.30–16.30 Uhr, März–Okt. Sa und So 14–18 Uhr, für Gruppen siehe www.schiffsmuehle-ginsheim.de, Tel. 0157/37052722 // ab 6 Jahren

TIPP: Am Ginsheimer Altrheinarm lassen sich außerdem ein historischer Kiesbagger und ein 2,1 Tonnen schwerer Anker bewundern. Beim Bootshaus-Haupt (www.bootshaus-haupt.de) können Familien Tretboote mieten oder mit der Altrheinfähre zur Nonnenaue übersetzen.

83_DIE SCHIFFS-SCHLEUSE

Hier staut sich was

Ein großes Containerschiff nähert sich den Schleusentoren. Eigentlich sieht es zu groß für die Schleusenkammer der Staustufe Kostheim aus. Doch als die Tore zur Seite gleiten, wird der Frachter langsam, aber sicher hineinmanövriert. Von dem Wartungssteg, der die Staustufe überspannt, können Kinder alles genau beobachten. Auch wie die Schleusen mit Wasser gefüllt oder geleert werden, je nachdem, in welche Richtung die Schiffe fahren. So wird der Niveauunterschied an dieser Stelle der Wasserstraße ausgeglichen.

Die Staustufe Kostheim ist die erste (oder die letzte) von insgesamt 34 Staustufen des Mains, des größten Nebenflusses des Rheins. Hell erleuchtete Passagierschiffe, bunte Frachter und rostige Tanker – an dieser Binnenschleuse gibt es für Kinder immer etwas zu sehen. Etwa 65 bis 75 Schiffe werden täglich durch die Staustufe geschleust. Damit gehört sie zu den verkehrsreichsten Schleusen Deutschlands. Gesteuert wird sie per Videoübertragung und Fernsteuerung von der Leitstelle Kostheim.

Aufmerksamen Kindern fällt vielleicht auf, dass sich die Staustufe trotz ihres Namens auf der Rheinseite von Ginsheim-Gustavsburg befindet. Vermutlich wurde der Name von der ersten Schleuse aus dem 19. Jahrhundert, als Gustavsburg nur eine sehr kleine Ortschaft war, einfach auf die neue, im Jahr 1935 erbaute Schleuse übertragen. Wie damals die Flößer und Fischer fahren auch heute noch alle Wasserfahrzeuge durch die Staustufe Kostheim.

Adresse Auf dem Maindamm 40–51, 65462 Ginsheim-Gustavsburg // ÖPNV Bus 54, 55, Haltestelle Gustavsburg/Friedhof // Öffnungszeiten Wartungssteg nur in Ausnahmefällen gesperrt // ab 4 Jahren

TIPP: Von dem Aussichtsturm am Kostheimer Mainufer haben Familien einen herrlichen Blick über Mainz, den Taunus und die beiden Flüsse bis hin zur Schleuse. Gleich nebenan sorgt ein Eiscafé für das leibliche Wohl.

84_ DAS SCHIFFS-WRACK

Eintauchen in eine virtuelle Unterwasserwelt

Unter die Meeresoberfläche tauchen und auf Forschungsreise gehen, das ist für Kinder in Mainz auch möglich, ohne dabei nass zu werden. Im »Museum für Antike Schifffahrt« erforschen Kinder das Wrack des römischen Frachtschiffs »La Madrague«, das im 1. Jahrhundert vor Christus im Mittelmeer versank, an einer Virtual-Reality-Station.

Ausgestattet mit VR-Brille, Headset und Joystick baut sich um die Kinder herum eine virtuelle, dreidimensionale Unterwasserwelt auf. Wenn sie sich drehen oder fortbewegen, bewegen sie sich unter Wasser, in der virtuellen Realität. Per Knopfdruck können die kleinen Forscher nach Gegenständen greifen, archäologische Zeichenbretter betrachten oder eine der vielen Amphoren wegschleudern. Bis zu 10.000 davon konnte »La Madrague« laden und darin unter anderem italienischen Wein bis nach Gallien transportieren.

So faszinierend die Virtual-Reality-Station auch ist, wenn die Kinder die VR-Brille schließlich weiterreichen müssen, gibt es im »Museum für Antike Schifffahrt« noch viel mehr zu entdecken: Hörstationen, Videos, Computerspiele, 3-D-Schiffsmodelle und Rekonstruktionen von Fundstücken zum Anfassen locken große und kleine Besucher. In einem Kinderbereich, wo auch Geburtstage gefeiert werden können, liegen Spiele, Malsachen und Kostüme bereit. Hier ist es für Kinder ein Leichtes, sich auch ohne virtuelle Hilfsmittel in die längst versunkene Welt der antiken Schifffahrt hineinzufühlen.

TIPP: Im Jahr 2020 wird voraussichtlich das »Römisch Germanische Zentral Museum« (RGZM) nebenan mit einer neuen, 3.000 Quadratmeter großen Dauerausstellung eröffnet.

Adresse Neutorstraße 2b, 55116 Mainz-Innenstadt, barrierefrei, Tel. 06131/2866316, www.web.rgzm.de // **ÖPNV** Bus 60, 61, 63, 64–67, Haltestelle Stadtpark // **Öffnungszeiten** Di–So 10–18 Uhr, VR-Station nur am Wochenende // ab 8 Jahren

85_DIE SCHLAFENDE RIESIN

Auch ohne Bohnenranke zu erreichen

Bei gutem Wetter ist am Rande des Lennebergwaldes bei der Vierzehn-Nothelfer-Kapelle einiges los: Für viele Joggerinnen, Spaziergänger und Radlerinnen ist dies der Startpunkt für ihren Ausflug in den Lennebergwald. Gleich neben der Kapelle ist ein Fitness-Parcours für Outdoor-Sportler eingerichtet, und obwohl die Geräte nicht für sie ausgelegt sind, haben auch Kinder Spaß, sie auszuprobieren.

Inmitten von all dem Trubel liegt sie und schläft: die Baumriesin. Hin und wieder kommt es vor, dass ein Kind die schlafende Gestalt entdeckt und auf ihr herumklettert. Aber auch das kann sie nicht aufwecken. Die Riesin ist nur eine der vielen Baumskulpturen, die den kleinen Besuchern im Lennebergwald begegnen. Am Froschteich beim Walderlebnispfad in Budenheim lauert beispielsweise ein Alligator aus Holz. Die geschnitzten Baumskulpturen eignen sich herrlich zum Balancieren, Klettern und Reiten und fügen sich durch ihr Material perfekt in die Umgebung ein.

Die Riesin ist ein besonders beeindruckendes Exemplar: Obwohl sie den entspannten Gesichtsausdruck einer Schlafenden hat, scheinen sich ihre langen Arme und Beine unruhig zu bewegen und ihre großen Hände nach etwas greifen zu wollen. Vielleicht träumt sie schlecht, von einer Bohnenranke und einem frechen Kind. Aber selbst Kinder namens Jack oder Hans haben nichts zu befürchten: Diese Riesin wird wohl niemals aufwachen, auch nicht von einer Harfe.

TIPP: In dem kleinen Waldabschnitt zwischen Fitness-Parcours und Wildpark wurden aus Ästen große Holztipis errichtet. Hier können riesenbezwingende Kinder wunderbar weiterspielen.

Adresse Kapellenstraße 44, 55124 Mainz-Gonsenheim, barrierefrei // **ÖPNV** Tram 50, 51, Bus 68, 76, Haltestelle Kapellenstraße/Gesundheitszentrum // ab 3 Jahren

86_DAS SCHWARZLICHT-MINIGOLF

Entdecke den Helden in dir

Dr. Evil hat seine Monster auf die Erde losgelassen. Nun ist es an den Schwarzlichtheldinnen, sie zu besiegen. Ihre einzigen Waffen sind Ball und Schläger und natürlich das Schwarzlicht. Was sich nach dem neusten Marvel-Superhelden-Film anhört, findet in Wirklichkeit mitten in Mainz auf einer Minigolfbahn statt.

Bei den »Schwarzlichthelden« in der Mainzer Altstadt erreicht der beliebte Familiensport eine ganz neue Dimension. Das merken Kinder spätestens, wenn sie, ausgerüstet mit einer 3-D-Brille und einem leuchtenden Ball die Anlage betreten: U-Bahn-Station, Labor und andere Szenerien werden von Comicfiguren bevölkert. Schwarzlicht und 3-D-Effekte erwecken die Figuren zum Leben. Der Kampf gegen Dr. Evil kann beginnen.

Bei der Konzeption der »Schwarzlichthelden« mussten die Geschäftsführer erfinderisch sein, um den begrenzten Platz der ehemaligen Schlecker-Filiale optimal zu nutzen. Herausgekommen sind kreative Lösungen, die das Spiel umso interessanter gestalten. Da kann der Ball auch einmal an der Decke entlangrollen. Einige der Bahnen arbeiten mit einem Zufallsmechanismus, sodass selbst Profis der Sieg nicht gewiss ist. Auch optische Täuschungen erschweren das Einlochen des leuchtenden Balls. Diejenigen, die es schaffen, den Punkterekord zu brechen, werden dafür mit einem Pokal belohnt. Schließlich haben sie soeben ihre Welt vor dem Untergang gerettet.

Adresse Holzstraße 24, 55116 Mainz-Innenstadt, www.schwarzlichthelden.de, Tel. 06131/4929275 // **ÖPNV** Bus 54, 60, 61, 63–67, 70, 71, Haltestelle Holzturm/Malakoff-Passage // **Öffnungszeiten** Mo–Do 14–22 Uhr, Fr 14–24 Uhr, Sa 10–24 Uhr, So 10–22 Uhr; Reservierung erbeten // ab 8 Jahren

TIPP: Um den Heldenhunger danach zu stillen, empfiehlt sich das Restaurant »Kamin« in der Kapuzinerstraße, wo man leckere Flammkuchen verzehren und sich an der offenen Feuerstelle wärmen kann (www.kamin-mainz.de).

87_DIE SEILBAHN

An der Kette herbeigezogen

Die Gondel ist mit drei Fahrgästen maximal beladen. Der Gondelfahrer zieht noch einmal an der Kette, dann ist die Haltestation erreicht. Gäste steigen aus und wieder ein. Los geht es, wieder zurück zur Bergspitze. Mit etwas Phantasie wird die Seilbahn am Rodelberg zu einer Gondel, einem Skilift oder sogar zu einer Rakete.

Von der lauten Pariser Straße kommend, beeindruckt die idyllische Abgeschiedenheit dieses besonderen Spielplatzes. Gegenüber vom Kleingärtnerverein und neben dem Jugendzentrum »Berliner Treff« findet man sich in einer ruhigen und kinderfreundlichen Nachbarschaft wieder. Große Bäume beschatten den Spielbereich. Sie sind die Ausläufer des Grünstreifens rund um den Wildgraben, der sich unterhalb des Rodelbergs durchs Tal schlängelt. Ganz besonders abenteuerlustige Kinder weiten ihren Bewegungshorizont schon mal auf diesen Hang aus, den es sich herrlich herunterrutschen lässt.

Dabei ist das Angebot auf dem Rodelbergspielplatz nicht zu verachten: Ein Klettergerüst, eine Tunnelrutsche, verschiedene Reittiere und Trichtertelefone sind nur ein Teil der Spielgeräte, die auf dem großzügigen Gelände verteilt sind. Und dann ist da noch diese kuriose Seilbahn, die aus einer Art Korb besteht, an einer Winde mit Kette hängend. Die Kinder krabbeln in den Korb und befördern sich selbst von einem Kletterturm zum nächsten, indem sie an der Kette ziehen. Ein Spielgerät, das kleine Skifahrer, Bergsteiger und natürlich Astronautinnen begeistert.

TIPP: Das Jugendzentrum »Berliner Treff« neben dem Spielplatz bietet Kindern ab sechs Jahren ein spannendes Nachmittagsprogramm: Kicker, Tischtennis, Billard, eine große Auswahl an Karten- und Brettspielen, die Möglichkeit der Internetnutzung und vieles mehr.

Adresse Am Rodelberg 2a, 55131 Mainz-Oberstadt // **ÖPNV** Straßenbahn 50, 52, 53, Bus 62, 76, 70, 71, Haltestelle Pariser Tor // ab 3 Jahren

88_DIE SIEBEN WEIHER

Kaulquappen beobachten im Lennebergwald

Wer sich auf die Suche nach sieben zusammengehörenden Weihern im Mainzer Umland macht, wird vermutlich erfolglos bleiben. Denn von den »Sieben Weihern«, die der Baron von Waldthausen Anfang des 20. Jahrhunderts für seine Fischzucht anlegen ließ, sind nur fünf übrig geblieben. Doch auch die fünf sind einen Familienausflug absolut wert.

Den Sieben Weihern kann man sich nur über die sandigen Wanderwege des Lennebergwaldes nähern, zum Beispiel von der Waldthausenstraße aus Finthen kommend. Wenn es zwischen den Stämmen der hohen Kiefern blau und grün schillert und sich in das Vogelgezwitscher das Plätschern eines Bächleins mischt, hat man sie gefunden.

Ihre terrassenförmige Anordnung und das in Kaskaden hinunterfließende Wasser lassen die herrschaftlichen Springbrunnen von Waldthausen, die es hier einst gab, erahnen. Dass die Weiher, die unter der Nähe zu Autobahn und gedüngten Feldern stark gelitten haben, ein Stück ihres alten Glanzes bewahrt haben, ist der Initiative des Wander- und Lennebergvereins »Rheingold« zu verdanken. In mehreren Aktionen gemeinsam mit Jugendlichen wurden die Weiher von überschüssigem organischem Material befreit und das Gelände wieder zugänglich gemacht.

Heute sind die Sieben Weiher wichtiger Lebensraum für viele Tiere und Pflanzen, die sich besonders an stehenden Gewässern wohl fühlen, wie Eisvögel, Fledermäuse und Seerosen. Kinder können ganz nah an die flachen Ufer herantreten und Kaulquappen in unterschiedlichen Entwicklungsstadien, kleine Fische und bunte Libellen beobachten. Selbst fünf Weiher reichen dafür vollkommen aus.

Adresse Wander- und Lennebergverein »Rheingold« Mainz e. V., Rheingoldruhe 1, 55262 Heidesheim am Rhein, www.lennebergverein.de // ÖPNV Tram 50, Haltestelle Römerquelle // ab 3 Jahren

TIPP: Das »Waldcafé Rheingoldruhe« auf dem Vereinsgelände serviert leckeren Kuchen und zünftige Speisen auf der großen Sonnenterrasse.

89_DAS SKELETT

Unheimliche Begegnung unterm Shoppingcenter

Unter Eisdiele und Schuhgeschäft liegt es, nur von einem Leichentuch bedeckt: das Frauenskelett. Das Grab wird im Heiligtum dIuMM ausgestellt, einer Tempelanlage aus dem römischen Mainz, die bis ins 1. Jahrhundert nach Christus zurückreicht. Beim Bau des Shoppingcenters »Römerpassage« wurde die Anlage entdeckt und in einem unterirdischen Museumsraum der Öffentlichkeit zugänglich gemacht.

Tatsächlich war das Skelett ursprünglich nicht Teil des Heiligtums, sondern stammt aus einer noch älteren Grabanlage. Vor etwa 2.700 Jahren wurde die Frau beigesetzt, zusammen mit ihrem Schmuck und Geschirr, das konnte man anhand des Holzes der Totenbahre bestimmen. Mit ihren 159 Zentimetern scheint sie für eine Erwachsene zu klein, aber in jener Zeit entsprach das der Durchschnittsgröße einer 35- bis 45-Jährigen. Viel mehr weiß man nicht über die Frau. Wie hat sie gelebt? Wer war ihre Familie? Woran ist sie gestorben? Hier ist also noch viel Platz für die kindliche Phantasie und gemeinsames Rätseln.

Für Kinder kann es sehr beeindruckend, wenn nicht sogar unheimlich sein, den dunklen, nur von Sternenlichtern erhellten Raum zu betreten, in dem gespenstische Hologramme flimmern und Stimmen aus dem Off sprechen. Und dann liegt da dieser Frauenkörper, nur durch eine Glasscheibe und ein Leichentuch, das die Umrisse klar erkennen lässt, von den Betrachtern getrennt. Ein Glück, dass die nächste Eisdiele nicht weit weg ist. Das beruhigt.

Adresse Römerpassage, 55116 Mainz-Innenstadt, barrierefrei, www.roemisches-mainz.de, Tel. 06131/6007493 // ÖPNV Bus 6, 64, 65, Haltestelle Neubrunnenplatz/Römerpassage // Öffnungszeiten Mo–Sa 10–18 Uhr // ab 5 Jahren

TIPP: Bei der »Waffel« (www.die-waffel.com) in der Lotharstraße gibt es nicht nur das süße Gebäck in allen Variationen, sondern auch hervorragende afghanische Gerichte und Kumpir, alles auch in kinderfreundlichen Portionen erhältlich. Ein Wickeltisch ist vorhanden.

90_DER SPAGHETTIBERG

Kletterhalle mit dem gewissen Klick

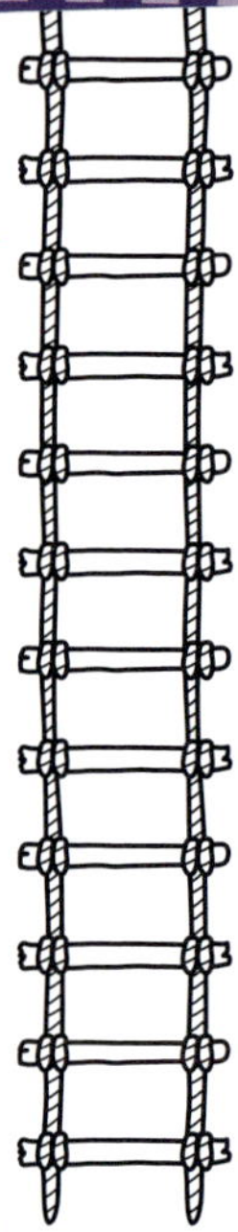

In der Kletterhalle »clip'n climb« in Hechtsheim gibt es keine klassische Kletterwand. Stattdessen ragen hier viele unterschiedliche Module bis zur Hallendecke. Sie tragen phantasievolle Namen wie »Spaghettiberg« und »Kugelkamin« und sehen aus, als wären sie einer irren Comicwelt entsprungen.

Die Kinder werden gruppenweise in die Halle gelassen. Dann rennen sie los und suchen sich eine freie Klettergelegenheit. Nun wird das schlichte, aber wirkungsvolle Prinzip von »clip'n climb« deutlich: Jedes Kind ist mit einem Ring ausgestattet, den es selbst in die Sicherung ein«clipt«. Danach darf es sofort losklettern. Nur bei dem »Leap of Faith« und der »Freifall-Rutsche« steht eine Hilfsperson bereit. Selbst den Kleinsten gelingt es schnell, in eine beachtliche Höhe zu steigen. Zum Abseilen brauchen sich die Kinder nur abzustoßen und landen sanft mit beiden Füßen auf dem Boden. Dafür sorgt ein spezieller Mechanismus an der Hallendecke.

Vom »Ausguck«, einer Hochebene mit Bistro, wo auch Kindergeburtstage stattfinden, beobachten Großeltern und andere Begleitpersonen die Kletterversuche ihrer Sprösslinge auf Augenhöhe und fiebern mit. Nach einer Stunde stetem Klettern, Rutschen, Springen und Gleiten darf jedes Kind noch ein letztes Modul erklimmen. Dann stürmt die nächste Gruppe in die Halle, bereit zum »Clippen« und »Climben«.

TIPP: Für kletterbegeisterte Kinder ist die JDAV (Jugend des Deutschen Alpinvereins) eine gute Adresse für spannende Ausflüge, Treffen und Kurse rund ums Klettern (jdav-mainz.de). Auch betreutes Klettern für sehbehinderte und blinde Kinder wird angeboten.

Adresse Athener Allee 10, 55129 Mainz-Hechtsheim, www.clipnclimb-mainz.de, Tel. 06131/5540966 // ÖPNV Bus 66, 67, Haltestelle Barcelona Allee/Möbel Martin // Öffnungszeiten Mi–Fr 14–20 Uhr, Sa, So 9.30–20 Uhr // ab 4 Jahren

91_DAS SPARGELEIS

Geschmacksexplosion beim Schlecken

Was haben Lavendel, Sonnenblume und Omas Apfelkuchen gemeinsam? Alle drei lassen sich zu Kugeln rollen und in einer Waffel verspeisen – zumindest beim »Neustadt-Eis«, kurz »N'Eis«. 2013 von Anke Carduck und Julia von Dreusche gegründet, begeistert die Eisdiele Kinder und Erwachsene mit ihren ausgefallenen Geschmackssorten. Statt einer standardisierten Geschmackspalette gibt es im N'Eis Spargel- oder Lakritzeis. Und schmecken tut es auch noch.

An die 150 verschiedene Rezepte hat die N'Eis-Küche auf Lager. In den Filialen am Gartenfeldplatz und an der Malakoff-Terrasse am Rhein werden täglich wechselnd neun bis zwölf Sorten angeboten. Welche das sind, erfährt man über den News-Ticker auf der Homepage. Manche Geschmäcker, wie Waldmeister und Grüne Soße, sind nur zu bestimmten Jahreszeiten erhältlich. Denn das N'Eis-Team setzt besonders auf regionale und frische Zutaten. Statt künstlicher Aromen sorgen echte Früchte, Nüsse und Kräuter für ein intensives Geschmackserlebnis.

Kinder, die sich nicht sicher sind, ob ihnen Himbeer-Sahne-Grieß, Karotte-Buttermilch-Banane oder Birne-Petersilie besser schmeckt, dürfen ein Löffelchen probieren. Und wer sich trotzdem nicht entscheiden kann, nimmt einfach zwei halbe Kugeln: so bekommt man mehr Geschmacksvielfalt bei gleicher Menge. Doch keine Bange, auch weniger experimentierfreudige Kunden kommen bei »Neustadt-Eis« auf ihre Kosten. Denn die absoluten Klassiker Schokolade und Vanille sind garantiert immer mit dabei.

Adresse Gartenfeldplatz 12, 55118 Mainz-Neustadt, www.n-eis.de, Tel. 06131/4870677 // ÖPNV Bus 9, 68, 76, Haltestelle Neubrunnenplatz // Öffnungszeiten Mo–Sa 11–20 Uhr, So 13–18 Uhr (außer im Winter)

TIPP: Der Gartenfeldplatz hat auch sonst gastronomisch einiges zu bieten: cremige Kumpir im »Schrebergarten«, hauchdünne Pizza bei »Cremina«, Kuchen und Bücher zum Wohlfühlen im »Bukafski« und himmlische Torten bei der »Annabatterie«.

92_ DAS STAATSTHEATER

Zu Besuch auf den Brettern, die die Welt bedeuten

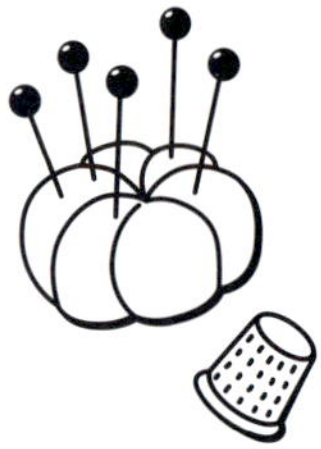

»Für Unbefugte Eintritt strengstens verboten«, steht an der Tür zur Hauptbühne des Staatstheaters Mainz. Dass die sechs Familien, die sich hier versammelt haben, dann doch hindurchspazieren dürfen, ist einem ganz besonderen Angebot des Theaters zu verdanken. Bei der Familienführung schauen Kinder und Erwachsene hinter die Kulissen und beschreiten unbekannte Theaterwege.

In diesem riesigen Gebäudekomplex kann man ordentlich Strecke machen. Treppauf und treppab geht es, vorbei an Schreinerei, Malerwerkstatt und Schlosserei. In der Maske sind extravagante Perücken ausgestellt und Gipsabdrücke von Gesichtern, die so echt aussehen, als wären sie lebendig. Bei den Schneiderinnen sieht man Kostüme in unterschiedlichen Stadien der Vollendung. Die Besucher erfahren, dass jedes dieser Kostüme eine Maßanfertigung ist. So viel Handwerkskunst und Kreativität findet man selten an einem Ort. Und weiter geht es durch Flure und sonst verschlossene Türen. Inzwischen haben die meisten aus der Gruppe komplett die Orientierung verloren.

Erst auf der Bühne merken die Besucher wieder, wo sie sich eigentlich befinden. Und trotzdem sieht alles aus dieser Perspektive so anders aus. Die Kulissen wirken riesig, das Scheinwerferlicht strahlt grell. Man entdeckt Aufzüge, Drehmechanismen und Requisiten, die aus dem Zuschauerraum unmöglich gesehen werden können.

Im Anschluss an die Führung können die Familien wieder die Seite wechseln und als Zuschauer in die aktuclle Vorstcllung gchen. Nun, als Befugte, als Insider, lässt sich das Bühnenstück ganz besonders genießen.

TIPP: Einmal im Jahr vor Fastnacht werden ausgediente Kostüme des Staatstheaters zum Verkauf angeboten. Mit etwas Glück findet man hier auch schöne Modelle in kleinen Größen.

Adresse Gutenbergplatz 7, 55116 Mainz, barrierefrei, Tel. 06131/2851222 // **ÖPNV** Bus 28, 54–57, 60–65, 68, 70, 71, Haltestelle Höfchen/Listmann // **Öffnungszeiten** Führung auf Wunsch und in Gebärdensprache, Termine siehe www.staatstheater-mainz.com // ab 5 Jahren

93_ DER STAHLVOGEL

Fliegen lernen auf der Rheinroute

Bei einem Spaziergang am Rhein entlang kommt man nicht umhin, die Möwen zu bewundern, die sich scheinbar mühelos mit ihren Flügelschlägen in der Luft halten. Für Kinder, die denken: »Das will ich auch«, gibt es in Mainz-Kastel genau das richtige Spielgerät. Der Ornithopter ist ein riesiger Vogel aus Stahl, in den Kinder hineinklettern und dann dessen lange Schwingen aus eigener Kraft auf und ab bewegen können.

Die Idee eines solchen Schwingflügelflugzeugs, mit dem sich die Bewegungen eines Vogels imitieren lassen, faszinierte schon Erfinder Leonardo da Vinci und Flugpionier Otto Lilienthal. Kein Wunder, dass der Ornithopter Kinder wie Erwachsene magisch anzieht.

Aber auch die anderen Klettermöglichkeiten vor Ort bieten reizvolle Herausforderungen für das Gleichgewicht. So wird der »Spiel- und Balancierpark« am Kasteler Viertel An der Helling zu einem willkommenen Rastplatz bei Familienausflügen am Rhein.

Der Stahlvogel wohnt im Naturschutzgebiet Inselrhein inmitten seiner lebendigen Artgenossen: Kolonien von Kormoranen und Graureihern ruhen und rasten hier. Und zwischen den Blättern blitzt das leuchtende Gefieder ausgebüxter Wellensittiche hervor. Auch die Weichholzaue am Ufer ist ein wichtiger Rückzugsort für viele Vogelarten. Mit ihrem Gezwitscher und dem eigenen Flügelschlag im Ohr, der Bewegung der Stahlflügel im Arm und dem Rhein vor den Augen mag sich manch ein vogelbegeistertes Kind so frei und unbeschwert wie einer von ihnen fühlen.

Adresse An der Helling 20, 55252 Mainz-Kastel, barrierefrei // **ÖPNV** Bus 6, 9, Haltestelle Ruthof // ab 4 Jahren

TIPP: Mit dem Fahrrad ist der Schlosspark Biebrich ein schönes Ziel. Dafür folgt man dem gut beschilderten Rheinweg etwa 4,5 Kilometer weit. Zwischendurch lockt eine Eisdiele mit einer Pause.

94_DER STEINBRUCH

Den Fossilien auf der Spur

Was haben Erdplatten mit Brot und Honig zu tun und Kalkstein mit Kaffee? Diese Fragen und noch viele mehr beantwortet Kalli Kalk neugierigen Kindern auf dem Geopfad des stillgelegten Steinbruchs in Weisenau. Der kleine Bauarbeiter taucht immer wieder auf den Infotafeln auf, die entlang des circa zwei Kilometer langen Weges aufgestellt sind.

Der gut befestigte geologische Lernpfad liegt unweit der Innenstadt und ist sowohl mit Fahrrad als auch mit festem Schuhwerk für Familien zu meistern. Die Natur erobert sich den 33 Hektar großen Steinbruch langsam, aber sicher zurück. Mit etwas Glück entdecken Kinder einen Falken oder einen Bussard, der über den bunt blühenden Wildwiesen kreist.

An manchen Stellen kommt man ganz nah an die eindrucksvollen Kalksteinwände heran und kann sie untersuchen. Scharfe Kinderaugen entdecken in dem Gestein fossile Muscheln und Schnecken. Die Fossilien sind mehr als 20 Millionen Jahre alt. Kalli Kalk erklärt jedoch, dass das im Vergleich zum Alter der Erdkugel ziemlich jung ist.

Schließlich führt der Geopfad hoch zum Höhenweg, der auch eine beliebte Strecke von Mountainbikern ist. Von hier aus hat man freie Sicht auf das noch aktive Zementwerk und auf die Stelle, wo im Jahr 2009 das Wärmetauschgebäude gesprengt wurde. Das Gewicht von zwei Waschmaschinen an Sprengstoff brauchte es dafür, erfahren Kinder von Kalli Kalk. Der Ausblick lässt sich auch von den Bänken aus genießen; vielleicht bei einem Honigbrot und einem Schluck Kaffee.

Adresse Wormser Straße 187, 55130 Mainz-Weisenau, barrierefrei // ÖPNV Bus 60, 61, 63, Haltestelle Zur Alten Portland // Öffnungszeiten immer zugänglich // ab 5 Jahren

TIPP: Bei der Gaststätte »Rhoischnook« am Leinpfad können sich hungrige Geologen mit Spundekäs' und Bretzelchen stärken und den Blick vom Biergarten über den Rhein genießen (www.facebook.com/rhoischnook).

95_DIE STEPPE

Auf Schatzsuche in den Dünen

Zwischen dem Lennebergwald und Mombach erstreckt sich ein außergewöhnliches Naturschutzgebiet, das einem gigantischen Sandkasten gleicht und Kinder von Karawanen, Nomaden und Schatzjägern träumen lässt. Nach der letzten Eiszeit vor circa 12.000 Jahren entstand hier der »Große Sand«, eine Dünenlandschaft mit dem warmen, trockenen Klima einer Steppe.

Der Große Sand ist das perfekte Ausflugsziel für Familien, die der Enge der Stadt entfliehen möchten. Ausgestattet mit Trekking-Rädern oder Wanderschuhen für den sandigen Untergrund, können Kinder hier endlos durch die Steppe fahren oder rennen und altehrwürdige Bäume erklimmen. Nur die viel befahrene A 643, welche die 127 Hektar große Steppenlandschaft zweiteilt, und ein paar weiße Hochhäuser am Horizont weisen auf Zivilisation hin.

Beim ersten Ausflug hierher empfiehlt es sich, einem der zwei Informationspfade zu folgen, die vom Mombacher Waldfriedhof und von der Unterführung am Westring losgehen und Interessierte mit Fakten und Wissenswertem rund um den Großen Sand versorgen.

Beim Spaziergang lohnt es sich immer, die Augen und Ohren offen zu halten, denn in diesem einzigartigen Ökosystem gedeihen auch seltene und bedrohte Tier- und Pflanzenarten. Mit etwas Glück krabbelt ein gepunkteter Sandlaufkäfer über den Weg oder springt ein bräunlicher Steppengrashüpfer vorbei. Außergewöhnliche Steine, weiße Muscheln und gezwirbelte Schneckenhäuser – im Großen Sand finden Kinder Schätze, die aus einem anderen, fernen Land zu stammen scheinen.

Adresse Westring 223, 55120 Mainz-Mombach, barrierefrei, www.mainzer-sand.de // **ÖPNV** Bus 60, Haltestelle Am Polygon // ab 4 Jahren

TIPP: Familien, die sich nach all dem Sand nach kühlem Wasser sehnen, haben es bis zum Mombacher Freibad vom Mainzer Schwimmverein nicht weit. Ein niedriges Becken für Kleinkinder, der Leuchtturm und große Wassertiere sorgen für Spaß und Erfrischung (www.schwimmbad-mainz.de).

96_DIE STORCHEN-KOLONIE

Nestbau auf Strommasten

Es ist März. Die Weißstörche sind gerade erst aus dem Süden zurückgekehrt und bauen an ihren Nestern weiter. Wenn der Partner von einem Erkundungsflug zurückkehrt, hört man den klappernden Willkommensgruß, der den Vögeln ihren Beinamen beschert hat. Dem Gruß der Klapperstörche können Familien im Laubenheimer Ried gleich mehrfach lauschen, denn hier hat es sich eine ganze Storchenkolonie auf Strommasten gemütlich gemacht.

Die Laubenheimer Storchenkolonie zählte in den letzten Jahren über 20 Brutpaare. Diese beachtliche Größe ist den optimalen Lebensbedingungen, die hier im Ried für sie herrschen, zu verdanken. Aber auch bedrohte Vogelarten wie der Eisvogel und der Kiebitz fühlen sich bei den Weihern, die durch den Tonabbau im 19. Jahrhundert entstanden sind, im Schilfröhricht und auf den Wiesen wohl.

Am einfachsten erreicht man die Storchenkolonie über die Zukunftstraße. Eine Infotafel klärt Spaziergänger über Rundwege, Rastplätze und besonders schützenswerte Vögel und Pflanzen auf. Ein weiterer guter Aussichtspunkt ist der Edeka-Supermarkt am Rande des Rieds, wo sich auch immer wieder Hobbyornithologen mit Spektiven, also speziellen Beobachtungsfernrohren, aufstellen. Aber auch ein ganz normales Fernglas reicht aus, um den Klapperstörchen noch näher zu sein. Und ab Mai kann man mit etwas Glück schon das ein oder andere Jungtier sehen, das seinen noch schwarzen Schnabel in die Luft reckt – ein echtes Erlebnis für jedes Kind, das den Adebar nur aus Fabeln und Büchern kennt.

Adresse Zukunftstraße, 55130 Mainz-Laubenheim, barrierefrei // **ÖPNV** Bus 61, 63, 64, Haltestelle An der Klosterheck // ab 4 Jahren

TIPP: Eine weitere Kolonie lebt in Wiesbaden-Schierstein. Der Verein Storchengemeinschaft Wiesbaden-Schierstein e. V. bietet Führungen über das Wasserwerk-Gelände an (www.schiersteinerstoerche.de).

97_DAS SUKKULENTENHAUS

Flauschige Kakteen streicheln

In dem warmen Gewächshaus reihen sich Kakteen, Agaven und Wolfsmilchgewächse aneinander, manche stachelig, andere flauschig und wieder andere mit wunderschönen Blüten verziert. Das Sukkulentenhaus ist nur eines von insgesamt zehn öffentlich zugänglichen Gewächshäusern auf dem weiträumigen Gelände des Botanischen Gartens der Johannes Gutenberg-Universität.

Im Nutzpflanzenhaus können sich Kinder bei tropischer Schwüle ein Bild von der Herkunft ihrer Lieblingsnahrungsmittel machen, etwa beim Kakaobaum und bei der Ananaspflanze. Dahinter wachsen im Insektivorenbeet die fleischfressenden Pflanzen, zum Beispiel die Venusfliegenfalle, die bei Berührung zuschnappt. An manchen Pflanzen sind Etiketten mit QR-Codes angebracht, so können Wissbegierige gleich mehr darüber erfahren.

Auf dem Außengelände des Botanischen Gartens können Familien sandige Steppen, raue Steinwände und blühende Wälder auf schmalen Pfaden und Brücken durchwandern. Bänke und Sitzgruppen laden immer wieder zum Verweilen ein.

Seit 2016 stellt die »Grüne Schule« des Botanischen Gartens mit der App »Actionbound« einen Fühlparcours zur Verfügung, der kleine und große Besucher anhand spannender Fragen und Aufgaben über das Gelände führt. Im Sukkulentenhaus beispielsweise sollen sie Kakteen streicheln. Merke: Auch die Flauschigen können ganz schön piksen.

TIPP: Die »Kinder-Uni« bietet viele spannende Aktionen für Kinder unter zwölf Jahren an, wie zum Beispiel Kinderkonzerte und wissenschaftliche Experimente (www.junior-campus-mainz.de).

Adresse Anselm-Franz-von-Bentzel-Weg 9, 55128 Mainz-Bretzenheim, manche Gewächshäuser und Außengelände barrierefrei // ÖPNV Bus 57, Haltestelle Botanischer Garten // Öffnungszeiten Fr 7.30–13 Uhr, sonst 7.30–15.30 Uhr; für die App und weitere Bildungsangebote siehe Homepage der »Grünen Schule«: www.botgarten.uni-mainz.de/gruene-schule // ab 6 Jahren

98_DIE SUSHI-SCHIFFE

Japanische Leckerbissen zum Selberangeln

Die Schiffe drehen gemächlich ihre Runden auf dem Wasser, an Deck ihre köstliche Fracht aus dem fernen Osten. »Kaiten-Zushi« (wörtlich: zirkulierendes Sushi) nennt man in Japan die Sushibars mit Laufband, von denen sich die Gäste selbst bedienen dürfen. In der Sushibar der Familie Hai Phan im Einkaufszentrum des Martin-Luther-King-Parks werden die Fisch-Reis-Kreationen auf dem Wasserweg transportiert, ein Traum für hungrige Piraten.

Am besten lassen sich die Holzboote von der Bar aus beobachten. Hier kann man dem Sushi-Chef dabei zuschauen, wie er hinter der Theke den Nachschub rollt und schneidet. Zwei große Segelboote stehen zwischen den Tellerstapeln und komplettieren das Seefahrerambiente.

Keine Angst, wenn die Kleinen beim Fisch noch etwas skeptisch sind: Auf den Booten schippern neben den Sushirollen auch Teigtaschen, Obststücke, Salate und Dessertschalen an den Gästen vorbei. Kinder können sich hier durch die Klassiker probieren und genau die Häppchen angeln, auf die sie in diesem Moment Hunger haben. Und wer mit den Essstäbchen nichts in den Mund bekommt, greift einfach beherzt mit den Fingern zu. So ist es schließlich in Japan Tradition.

Auch Familien, die Lust auf warme Gerichte haben, werden im »Hai Phan« satt: Suppen, Reis mit verschiedenen Currys sowie Nudelvariationen lassen sich bequem an die Tische bestellen. Kinderstühle sind vorhanden. Auch von hier aus hat man freie Sicht auf die Schiffchen, die sich unbeirrt im Kreis drehen, bereit, von hungrigen Piraten gekapert zu werden.

TIPP: Wer sich selbst einmal an die Kunst des Sushi-Machens wagen möchte, findet alle Zutaten dafür im »YuanFa Asia Markt« am Kaiser-Wilhelm-Ring (www.yuanfa.de). Vor allem das Rollen macht Kindern großen Spaß.

Adresse Dr.-Martin-Luther-King-Weg 20, 55122 Mainz-Hartenberg/Münchfeld, barrierefrei, Tel. 06131/5709239 // **ÖPNV** Bus 64, 65, 68, 78, Haltestelle King-Park-Center/Bruchwegstadion // **Öffnungszeiten** Di–Fr 11–15 und 17–22.30 Uhr, Sa, So 12–22.30 Uhr // ab 4 Jahren

99_DIE SÜSSIGKEITEN-THEKE

Unverpackt schmeckt's besser

Es gibt einen Supermarkt in Mainz, da macht Einkaufen genauso viel Spaß wie Kaufmannsladen spielen. Denn im »Unverpackt« werfen die Kunden nicht einfach abgepackte Tüten in ihren Einkaufswagen. Hier beschriftet jeder seine mitgebrachten Behälter, wiegt sie ab und befüllt sie, mit einem klaren Ziel vor Augen: Müll zu vermeiden.

Als Abdelmajid Hamdaoui, von vielen seiner Stammkunden kurz Majid genannt, 2015 seinen Unverpackt-Laden in der Mainzer Neustadt eröffnete, gab es in Deutschland erst wenige plastikfreie Märkte. Seine Idee entstand aus dem Wunsch, Müll zu vermeiden, und der Entdeckung eines speziellen Lebensmittelspenders aus den USA, der für diese Zwecke optimal war.

Die Nachfrage war so groß, dass er und sein Team nach vier Jahren die größeren Räumlichkeiten in der Heidelbergerfaßgasse beziehen mussten. Mehr Platz bedeutet auch ein größeres Sortiment, und so findet man inzwischen von Apfelessig bis Zimtstangen eine erstaunliche Bandbreite an Produkten. In der Drogerieabteilung können Kinder an feinen Badebomben schnuppern, bei den Trockenwaren Spaghetti mit Handschuhen aus dem Behälter angeln und im Putzmittelraum Flüssigkeiten abzapfen.

Das Highlight für viele Kinder ist natürlich die Süßigkeiten- und Trockenfrüchtetheke, wo sie das süße Gut mit einem Schäufelchen in ihre Behälter befördern dürfen. Die Erkenntnis: Gummibärchen schmecken ohne Plastikverpackung mindestens doppelt so gut.

TIPP: Auch in Herrn Hamdaouis Geschäft am Frauenlobplatz, im »Brotposten«, geht es um Müllvermeidung. Hier gibt es hochwertige Backwaren vom Vortag für wenig Geld zu kaufen (www.brotposten.de).

Adresse Heidelbergerfaßgasse 16A, 55116 Mainz-Innenstadt, barrierefrei, www.unverpackt-mainz.de, Tel. 06131/6356783 // ÖPNV Bus 9, 60, 67, 68, 76, Haltestelle Neubrunnenstraße // Öffnungszeiten Mo–Fr 10–19 Uhr, Sa 9–15 Uhr

100_DER TAUCHER-SCHUH

Mit Bleifuß unter Wasser

»Schau mal, ein Astronaut!«, ist ein Ausruf, den Besucher des Flößerzimmers in der Bastion von Schönborn oft von Kindern hören. Es ist jedoch kein Astronaut, sondern ein Taucher, der die Kinder von der Schwarz-Weiß-Fotografie aus angrinst. Kurt Planitzer verrichtete Bau- und Reparaturarbeiten unter Wasser, zu Zeiten, als es am Kasteler Rheinufer noch von Flößern und Waschfrauen wimmelte.

Neben seinem Porträt mit dem großen Helmtauchgerät steht ein original Taucherschuh, der damals zur üblichen Tauchausrüstung gehörte. Mit seinen 27,3 Kilogramm ist der klobige Bleischuh mit Metallsohle so schwer, wie er aussieht. Kinderfüße passen gleich mehrmals neben den sprichwörtlichen Bleifuß.

Kaum vorstellbar, dass ein Mensch diesen Schuh tragen konnte. Aber unter Wasser ermöglichte er, zusammen mit anderen Gewichten, die über den Taucheranzug verteilt waren, dass der Taucher über den Grund laufen konnte, ohne davonzutreiben. So gelang es Kurt Planitzer gleich mehrmals, das »Kasseler Wäschbrickelsche« zu reparieren, ehe es im Rhein versank.

Auch die anderen Gegenstände des Mini-Museums lassen Kinder staunen: beispielsweise das Böllerschussgerät, mit dem die Flößer signalisierten, dass sich die schwimmenden Baumstämme in Bewegung setzten. Oder der Ofen, auf dem die Arbeiter ihre berüchtigte »Flößersuppe« aus Rheinwasser kochten. Und noch ein besonders amüsantes Bild hängt dort an der Wand: das vom sogenannten »Flößerklo« – was Kinder zu dem ein oder anderen Ausruf veranlassen könnte.

Adresse Rheinufer 12, 55252 Mainz-Kastel // ÖPNV Bus 6, 9, 28, Haltestelle Kastel Brückenkopf // Öffnungszeiten täglich 11–24 Uhr // ab 6 Jahren

TIPP: Auf der Wiese neben dem Restaurant steht das Flößerdenkmal von Ariel Auslender. Wenn man sich mit auf das hölzerne Floß stellt, könnte man fast meinen, man »flöße« über den Rhein.

101_DIE UNTERWELTEN

Geschichtsstunde mit Gruselfaktor

Es ist schwer vorstellbar, aber dort, wo heute Schüler durch die Gänge des Gutenberg-Gymnasiums laufen, stand vor 200 Jahren das mächtige Fort Philipp. Die unterirdischen Gänge der Festungsanlage sind noch erhalten und dank der »Mainzer Unterwelten e. V.« wieder begehbar.

Der Verein hat es sich zur Aufgabe gemacht, unterirdische Denkmäler zu schützen und der Öffentlichkeit zugänglich zu machen. Bei ihren Führungen im Fort Philipp und Fort Josef erfährt man einiges über die Geschichte der barocken Festungsanlagen, die schon Napoleon beeindruckten und deren unterirdische Gänge im Zweiten Weltkrieg zu Luftschutzbunkern umfunktioniert wurden.

Schießscharten für die Verteidigung und Kerzenruß der Schutzsuchenden – die Kriegsspuren sind noch heute gut sichtbar. Die niedrigen Gewölbegänge, teilweise nur mit Taschenlampen beleuchtet, sorgen für genug Nervenkitzel, um die kleineren Kinder bei der eineinhalbstündigen Führung bei Laune zu halten. Ein weiteres Highlight für Kinder ist die Gummistiefel-Tour von dem unterirdischen Wasserschlösschen bis zur Brunnenstube Altmünsterweiherquellen, wo Mutige auch barfuß durch das acht Grad kalte Wasser waten können.

Nach der Führung wird der Bürgersteig vor dem Gutenberg-Gymnasium wieder zugeklappt, und der Eingang zu den Unterwelten verschwindet. Fast so, als wäre er nie da gewesen.

TIPP: Noch mehr Mainzer Untergrund kann man bei der Zitadelle entdecken, wo der Verein »Initiative Zitadelle Mainz e. V.« durch das unterirdische Gangsystem der Bastion Drusus und deren Schutzräume aus dem Zweiten Weltkrieg führt (www.zitadelle-mainz.de/fuehrungen).

Adresse An der Philippsschanze 5, 55131 Mainz-Oberstadt // **ÖPNV** Tram 50, 52, 53, Bus 9, 62, 63, 66, 67, 75, Haltestelle An der Philippsschanze // **Öffnungszeiten** Termine für Führungen siehe www.mainzer-unterwelten.de // ab 6 Jahren

102_DER WANZEN-MARKT

Zum Spielen, Stöbern und Staunen

Wenn Frodo über den Feldbergplatz spaziert und der Duft von Kaffee und Kuchen in der Luft liegt, dann wissen alle Kinder: Es ist Wanzenmarkt-Zeit. 1979 vom »Caritasverband Delbrêl« gegründet, ist der beschauliche Stadtteilflohmarkt am Fuße der Grünen Brücke inzwischen eine feste Institution in der Neustadt und der wohl kinderfreundlichste Flohmarkt in Mainz.

Sechs Mal im Jahr werden hier an rund 50 Ständen Haushaltswaren, Kleidungsstücke und Spielsachen verkauft, ausschließlich aus privater Hand. Die Standmiete ist erschwinglich und kann auch mit einem Kuchen beglichen werden, der zusammen mit Getränken im Wanzenmarkt-Café unter der Grünen Brücke verkauft wird. Der Verein »Neustadttreff e. V.« sammelt den Erlös und spendet ihn an soziale Einrichtungen und Organisationen aus dem Stadtteil.

Für Kinder ist der Wanzenmarkt eine große Spielwiese. Sie toben auf den Spielgeräten des Feldbergplatzes herum und kaufen sich Bücher, Puzzles und Stofftiere von ihrem Taschengeld.

Und dann ist da noch Sigrid Lauer, die, verkleidet als Hobbit Frodo, Meerjungfrau Arielle oder Biene Maja, ehrenamtlich Unterhaltungsprogramm für Kinder macht. Mit ihrem unerschöpflichen Fundus an phantasievollen Verkleidungen verzaubert sie kleine und große Besucher auf dem Wanzenmarkt jedes Mal aufs Neue. Frodo gehört zu diesem Flohmarkt wie die Wanze zur Mauer.

Adresse Feldbergplatz, 55118 Mainz-Neustadt, barrierefrei // ÖPNV Bus 70, 76, Haltestelle Feldbergplatz/Mainzer Stadtwerke // Öffnungszeiten siehe www.mainz-neustadt.de/cms/Wanzenmarkt // ab 3 Jahren

TIPP: Die Grüne Brücke ist mit ihrer naturnahen Bepflanzung und den dort heimischen Bienenvölkern sehr sehenswert. Eine Kinderwagenrampe mäandert in großen Kurven von einem Brückenfuß zum anderen.

103_DIE WASSER-SCHUTZPOLIZEI

Blaulicht auf der Maaraue

Die Maaraue ist eines der beliebtesten Ausflugsziele für Familien beider Rheinseiten. Kein Wunder, erfüllt die Halbinsel mit Liegewiese, Spielplätzen, Skatepark, Grillhütte und Biergarten doch jeden Wunsch nach Erholung und bietet einen phänomenalen Blick auf die Mainzer Skyline.

Die Aue ist über eine feste Landverbindung von Kostheim aus zu erreichen. Der zweite Weg, von Kastel aus über die blaue Fahrradbrücke, ist vielen jedoch unbekannt. Er ist der Geheimtipp für alle in Blaulicht und Schifffahrt vernarrten Kinder. Denn an der Nordspitze der Maaraue befindet sich die Station der hessischen Wasserschutzpolizei, Revier Kastel. Die Fahrradbrücke führt direkt an dem runden Gebäude mit der Aufschrift »Wasserschutzpolizei« vorbei. Von hier aus haben Kinder einen guten Blick auf die am Steg liegenden Einsatzboote. Selbst Radar und Blaulichter auf den Dächern der blauen Boote sind zu sehen.

Regelmäßig legen Polizeiboote ab, um die Schiffe zu kontrollieren, die auf Main und Rhein kreuzen. Wenn die Wasserschutzpolizei auf Streife ist, macht sie Stichproben, um die ordnungsgemäße Besatzung und Beladung von Dampfern, Kähnen und Sportbooten sicherzustellen. Bei großen Veranstaltungen wie der Mainzer Johannisnacht und den Sommerlichtern, wenn die Wasserschutzpolizei auf dem Rhein patrouilliert, können Kinder die Schiffe in Aktion erleben.

TIPP: In dem Freibad auf der Maaraue können Kinder planschend Wasserschutzpolizei spielen, während ihre Eltern den herrlichen Blick auf den Rhein genießen.

Adresse Maaraue, 55252 Mainz-Kastel, barrierefrei // **ÖPNV** Bus 28, 54–57, 68, Haltestelle Kastel/Bahnhof // **Öffnungszeiten** nur von außen zugänglich // ab 3 Jahren

104_DIE WASSER-WERKSWIESEN

Königlicher Spielplatz mit Bachlauf und Holzhütten

Kurz bevor der Königsborn, der einst die römische Wasserleitung nach Mainz speiste, in den Aubach mündet und zum Gonsbach wird, fließt er durch die Wasserwerkswiesen und erfreut die Kinder, die sich dort zum Spielen eingefunden haben.

Auf das ehemalige Feuchtgebiet rund um die Wasserwerkswiesen weisen heute nur noch der Teich und das Vogelschutzgebiet auf der anderen Seite der Straßenbahngleise hin. Inzwischen bleiben auf dem Spielplatz Kinderfüße eigentlich trocken. Außer natürlich, sie begeben sich in das kühle Nass des Königsborns. Der gut zugängliche Bachlauf eignet sich perfekt, um Staudämme zu bauen und Wasserschlachten auszufechten.

Die Wasserwerkswiesen haben für jede Altersklasse interessante Spielgeräte zu bieten: Schaukeln und Kriechtunnel für die Kleinen, Kletterhaus, Bolzplatz und Seilbahn für die Großen. Und beim Anblick der drei Spielhäuser und des Wäldchens dahinter verwandeln sich alle Kinder, egal welchen Alters, sogleich in wilde Abenteurer. Ob Hexen, Indianer oder Räuber, zwischen Bach, Bäumen und Häuschen fühlen sich alle Phantasiefiguren wohl.

Der Königsborn sucht sich von dort als Gonsbach seinen weiteren Weg durch die Stadtteile Gonsenheim, Mombach und unter der Neustadt hindurch, um dann beim Zollhafen in den alles schluckenden Rhein zu münden. Aber nicht ohne vorher ein paar Kinder auf dem Wasserwerkswiesen-Spielplatz beglückt zu haben.

Adresse Mühltalstraße, 55126 Mainz-Finthen, barrierefrei // ÖPNV Tram 51, Haltestelle Königsborn // ab 2 Jahren

TIPP: Kleine Entdecker können dem idyllischen Weg hinter dem Spielplatz bis zu der Stelle folgen, wo der Königsborn und der Aubach zusammenfließen.

105_DIE WERKSTATT-GALERIE

Der malerischste Hinterhof der Stadt

Hinterhöfe reizen die kindliche Phantasie: Was mag sich hinter dieser Tür verbergen? In der Neutorstraße 29 eröffnet sich Kindern ein Ort schier unendlicher kreativer Möglichkeiten: die Werkstattgalerie von Anne Böschen.

Mit dem quietschblauen Häuschen, das die Besucher unwillkürlich in eine schwedische Bilderbuchlandschaft versetzt, verwirklicht die Künstlerin und gelernte Landwirtschaftlerin ihren Traum, ein Stück Natur in die Stadt zu holen. Eine winzige Galerie zeigt Anne Böschens Landschaftsbilder aus Erdfarben und Sanden. Daneben liegt ein kleiner, aber feiner Werkraum, voll mit natürlichen und recycelbaren Materialien, die zum Kreativsein einladen: Pigmente und Ton, Federn und Trockenblumen, Murmeln und Stempel drängen sich auf den Regalbrettern und in den Schubfächern. Hier empfängt die Künstlerin ihre Malschüler, richtet Kindergeburtstage und Malpartys aus.

Immer samstagnachmittags steht der Werkraum für alle offen, die sich mal so richtig kreativ austoben möchten. Ganz ohne Anmeldung können Menschen jeden Alters vorbeikommen und einer Idee, die sie im Kopf haben, Gestalt geben. Im Offenen Atelier herrscht eine ganz besondere Atmosphäre. Im Winter dampft ein heißer Punsch auf dem alten Küchenofen, und es werden Nüsse geknackt. Im Sommer werden die Tische nach draußen gestellt, und es wird mit Wasser und Farbe experimentiert. In der Werkstattgalerie sind der Phantasie keine Grenzen gesetzt.

Adresse Neutorstraße 29, 55116 Mainz-Innenstadt, barrierefrei, www.werkstattgalerie.net // ÖPNV Bus 64, 65, 70, 71, Haltestelle Altstadt/Holzhof // Öffnungszeiten Offenes Atelier immer Sa 15–18 Uhr

TIPP: Ein paar Häuser weiter, am Hopfengarten, ist ein Oxfam-Shop. Mit ein bisschen Glück kann man hier hübsche gebrauchte Rahmen für die selbst gemachten Kunstwerke sehr günstig erstehen (shop.oxfam.de).

106_DER WILDPARK

Von Wild- bis Wollschwein

Das flauschige Schaf und das rosa Schwein sind jedem Kind ein Begriff. Das Wollschwein allerdings, mit seinen blonden Löckchen, ist eine echte Rarität. Bestaunen kann man gleich mehrere Exemplare dieser Gattung im Gonsenheimer Wildpark, wo sie neben ihren Verwandten, den Wildschweinen, zu finden sind.

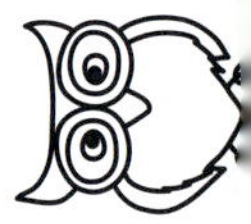

In den 50er Jahren als Wildgehege von der Jägerschaft Gonsenheim gegründet, zeigt der Wildpark inzwischen eine gelungene Mischung aus heimischen Wild- und Haustieren. Da er immer frei zugänglich ist, zieht der Wildpark viele Spaziergänger und Tierliebhaberinnen unterschiedlichen Alters an. Der Rundgang ist überschaubar, sodass selbst kleine Kinder ihn mühelos schaffen können.

Rothirsche, Damhirsche, Mufflons, Ziegen und Schafe kommen eilig zum Zaun, sobald sie das Klacken des Futterautomaten hören. Kinder laufen von einem Tier zum nächsten und hinterlassen eine Spur aus Futterpellets. Fasane, Hühner, Gänse und Enten schnattern, gackern und gurren, was das Zeug hält, und sorgen so für eine spannende Geräuschkulisse. Kaninchen und Meerschweinchen können Kinder besonders gut beobachten, wenn sie sich in einen Tunnelgang mit Glasfenster am hinteren Ende wagen.

Mit etwas Glück bekommen Kinder Waschbär und Wildkatze zu Gesicht, die nachtaktiv und von daher ein seltener Anblick sind. Umso größer ist die Begeisterung, erhascht man doch einen Blick auf das gestreifte Fell dieser Tiere.

Ob Wildkatze oder Wollschwein, der Wildpark Gonsenheim ist der perfekte Ort für die ganze Familie, um mit Tieren in Kontakt zu treten.

TIPP: Gegenüber vom Wildpark, in dem kleinen Waldstück, können sich Kinder auf einem naturnahen Spielplatz mit Marterpfahl, Hängebrücke und Seilbahn austoben.

Adresse Kirchstraße 60, 55124 Mainz-Gonsenheim, barrierefrei // **ÖPNV** Bus 6, 62, Haltestelle Wildpark // **Öffnungszeiten** immer // ab 2 Jahren

107_DIE WINDRAD-RUTSCHE

Phänomenale Aussicht und turbomäßige Abfahrt

Rutschen sind ein wichtiger Bestandteil eines jeden städtischen Spielplatzes. Die Windrad-Rutsche zwischen Gautor, Zitadelle und Altstadt ist aber nicht bloß ein Spielgerät von vielen. Sie ist die Hauptdarstellerin des Spielplatzensembles am Windmühlenberg, der bis 1800 noch »Zuckerberg« hieß. Ob wegen seiner Ähnlichkeit zum kegelförmigen Zuckerhut oder wegen der »Zücker« (mittelhochdeutsch für »Räuber«), weiß man heute nicht.

Schon von Weitem ist der hölzerne Kletterturm der Windrad-Rutsche zu sehen. Die lange Röhre, von Stelzen getragen, glänzt in der Sonne. Das Windrad, das an die Windmühle erinnern soll, die hier bis zum Jahr 1840 stand, dreht sich lustig im Wind, gleich einem Kinderspielzeug. Doch der Aufstieg über die vielen Leitersprossen macht schnell klar: Diese Rutsche ist nichts für Babys. Nur die Mutigsten wagen sich dann in die dunkle Röhre, die scheinbar ins Nichts führt. Belohnt werden sie mit einer rasanten, kurvigen Abfahrt und einem kribbeligen Gefühl im Magen. Nicht umsonst wird die Windrad-Rutsche von Mainzern auch »Turborutsche« genannt.

Weitere Spielgeräte am Fuße des Windrades verlängern den Spielspaß auch nach dem Rutschen. Ein Klettergerüst mit hölzernem Ausguck eignet sich ideal zum Piratenspielen. Eltern können den Ausblick über Mainz bis hin zum Taunus von einer der Bänke aus genießen. Oder sie tun es ihrem Nachwuchs gleich und erklimmen die Windrad-Rutsche bis ganz nach oben. Denn von hier hat man nicht nur die beste Aussicht, sondern auch die spaßigste Abfahrt.

Adresse Eisgrubweg 15, 55116 Mainz-Innenstadt // **ÖPNV** Bus 70, 71, Haltestelle Eisgrubweg // ab 4 Jahren

TIPP: Wer nun im Rutschfieber ist, den reizen vielleicht diese besonderen Exemplare: die sehr steile Rutsche am Wasserspielplatz vom Lessingspielplatz, die sehr breite im Volkspark oder die Wasserrutsche in Elefantenform im Goethepark.

108_DER ZEITRAUM

Die Zeitreise startet in 3, 2, 1

Es gibt einen Ort in Mainz, da dreht sich alles um die Zeit, genauer gesagt um schon längst vergangene Zeiten. Der »Zeitraum« des Landesmuseums setzt mehrere zehntausend Jahre, von der Vorgeschichte bis hin zur Moderne, für Kinder in Szene und lädt zum Mitmachen, Forschen und Spielen ein.

Das Landesmuseum zu finden ist nicht schwer, ist doch das goldene Ross auf dem Dach des barocken Gebäudes schon von Weitem zu sehen. Den Zeitraum kann man direkt vom Eingang aus betreten. In der Mitte des weitläufigen Raums stehen zwei große Tische mit Stiften und Ausmalbildern bereit. Eine Sitzempore bietet genug Platz für ganze Schulklassen. An den Mitmachstationen üben altertümliche Kostüme und merkwürdige Apparaturen sofort eine große Anziehungskraft auf die kleinen Besucher aus. Wie gut, dass hier das Anfassen nicht nur erlaubt, sondern ausdrücklich erwünscht ist. Da kann man sich beispielsweise mit römischen Kindern im Wurfspiel messen und das mittelalterliche Mainz mit Bauklötzen nachbauen. Beim Biedermeier ist die ganze Familie gefragt: Kinder und Eltern können sich kostümieren und in einem nachgebildeten Wohnzimmer das Familienporträt der Lindenschmits nachstellen (für die sozialen Netzwerke: #zugastbeidenlindenschmits).

Der Zeitraum ist die optimale Ergänzung zum Besuch der Ausstellungsräume des Landesmuseums. Er ist aber auch für sich genommen der perfekte Abstecher beim Stadtspaziergang. Gerade weil sich hier alles um die Zeit dreht, und die vergeht in diesem Raum für Kinder wie im Fluge.

TIPP: Vor dem Innenhof des Landesmuseums lockt das Café vom »Stullen Andi« – nicht nur mit den stadtbekannten Stullen, sondern auch mit verführerischen Kuchen und lustigen Taschenbüchern (www.stullen-andi.de).

Adresse Große Bleiche 49–51, 55116 Mainz-Innenstadt, barrierefrei, www.landesmuseum-mainz.de/kids, Tel. 06131/28570 // ÖPNV Bus 6, 62–65, 68, Haltestelle Bauhofstraße/ LBBW Rheinland-Pfalz Bank // Öffnungszeiten Di 10–20 Uhr, Mi–So 10–17 Uhr // ab 3 Jahren

109_DIE ZIRKUSMANEGE

Für Artistinnen und Clowns in spe

Seiltänzerinnen, die hoch über der Manege schweben, Jongleure, die ihre Bälle höher und höher werfen. Ein Zirkusbesuch lässt Kinderaugen strahlen. Bei »flip«, dem Mainzer »Verein für Zirkus, Bewegungs- und darstellende Künste« werden Kinder selbst zu Artisten. Hier haben sie die Möglichkeit, das Vertikaltuch, die Laufkugel und viele andere spannende Geräte auszuprobieren, Akrobatik und Jonglage zu erlernen und den inneren Clown hervorzulocken.

Im Jahr 2017 gründete sich der gemeinnützige Verein aus dem Bedürfnis heraus, einen Ort zu schaffen, an dem sich zirkusbegeisterte Menschen austauschen und voneinander lernen können. Die Schul-AGs und Ferienspiele, die »flip« anbietet, erfreuen sich bereits großer Beliebtheit. Seit 2019 finden in Kooperation mit der Mainzer Volkshochschule außerdem regelmäßig Zirkuskurse in den Räumlichkeiten der Schauspielschule in der »Alten Ziegelei« statt. Der alljährliche Höhepunkt und ein sehenswertes Spektakel für die ganze Familie ist das Varieté, wo Profis und Amateure aus Mainz und Umgebung ihr Können auf der Bühne zeigen.

Auch bei den Zirkuskursen von »flip« werden Kinder auf die Bühne vorbereitet: Sie lernen, im entscheidenden Moment zu improvisieren und mit ihren Tricks eine Geschichte zu erzählen. Und wenn schließlich die frisch gebackenen Akrobatinnen, Clowns und Jongleure vor dem Publikum stehen, strahlen ihre Augen. Vor Stolz.

TIPP: In der Alten Ziegelei werden immer wieder interessante Kurse für Kinder von der Volkshochschule angeboten, wie zum Beispiel Goldschmieden oder Theaterworkshops (www.vhs-mainz.de).

Adresse Alte Ziegelei, 55131 Mainz-Bretzenheim // ÖPNV Bus 70, 71, 75, Haltestelle Alte Ziegelei // Öffnungszeiten Kurse siehe www.flip-mainz.de // ab 6 Jahren

110_DER ZOO

Schräge Vögel und hungrige Böcke

Viele Mainzer sind überrascht zu hören, dass ihre Stadt einen Zoo hat. Exotische Tiere, Streichelzoo, Spielplatz, alles ist da. Und das Beste: Man muss noch nicht einmal Schlange stehen oder Eintritt bezahlen. Über den Park verteilt kann man verschiedene Tiere in ihren Behausungen beobachten, ein wunderbares Ziel für den Familienspaziergang.

Schon von Weitem sieht man das grelle Pink der Flamingos durch die grünen Blätter leuchten. Die Vögel bewohnen ein großes Außengehege mit Teich am unteren Eingang des Volksparks. Daneben wurde 2017 ein schickes Winterquartier errichtet. Die Balancierkünste der Flamingos lassen sich bequem und ohne Gedränge von mehreren Aussichtspunkten aus bewundern.

Kinder, die mehr auf Tuch- und Tierfühlung gehen möchten, sind nur wenige Schritte von der nächsten Attraktion, dem Ziegengehege, entfernt. Hier leben westafrikanische Zwergziegen einträchtig neben Heidschnucken und warten darauf, mit Pellets aus dem Futterautomaten beglückt zu werden.

Komplettiert wird das Zoo-Ensemble vom Vogelhaus, zwischen Rosengarten und »Favorite Parkhotel« gelegen. Das tankstellenähnliche Gebäude beheimatet viele verschiedene Vogelarten, vom Ara bis zum Zebrafinken. Hier können Kinder exotische wie heimische Vögel in Ruhe beobachten und eine völlig andersartige Geräuschkulisse auf sich wirken lassen. Gedrängelt wird hier nicht. Schließlich ist das kein Zoo, oder?

TIPP: Gleich oberhalb des Vogelhauses befindet sich der Rosengarten, der sich im Frühling in ein duftendes Blütenmeer verwandelt. Mehrere Parkbänke laden zum Pausieren und Picknicken ein.

Adresse Stadtpark, 55131 Mainz-Oberstadt, barrierefrei, www.schraege-voegel-mainz.de // **ÖPNV** Bus 60, 61, 64, 65, Haltestelle Stadtpark // **Öffnungszeiten** Vogelhaus: Nov.–Feb. täglich 9–17 Uhr, März–Okt. 9–18 Uhr // ab 2 Jahren

111_DIE ZUKUNFTS-ALLEE

Mein Freund, der Baum

Man könnte meinen, dass die 16 Jungbäume, die da zwischen Basketball- und Bolzplatz auf dem Hartenberg den Wegesrand säumen, Teil einer ganz normalen Randbepflanzung sind. Doch Adleraugen fällt auf, dass jeder Baum einzigartig ist. Tatsächlich sind die Pflanzen keine bloßen Schattenspender, sondern stehen symbolisch für die 16 deutschen Bundesländer.

Die sogenannten Freiheitsbäume wurden während der Feierlichkeiten rund um den Tag der Deutschen Einheit 2017 im Innenhof des Landesmuseums ausgestellt und im Anschluss in die Verlängerung der Fritz-Bockius-Straße als Zukunftsallee verpflanzt. So wie die Linde, die 1990 vor dem Berliner Reichstag gepflanzt wurde, sollen sie als lebendes Denkmal an die Wiedervereinigung erinnern.

Unter den Bäumen wächst ein Wiesenbiotop, das nur selten gemäht wird und somit die Artenvielfalt von Pflanzen und Tieren fördert. Naturfreunde können hier Insekten beobachten oder natürlich Blätter und Blüten der Freiheitsbäume sammeln und bestimmen.

Drumherum bieten Wiesen mit Fußballtoren und Bänken, ein Basketballplatz sowie der Kinder- und Jugendtreff »Park-Haus« viel Platz zum Spielen und Rennen.

Auch wenn die Bäume jetzt noch klein und verloren wirken, werden sie doch in Zukunft zu einer Schatten spendenden Allee zusammenwachsen und als Einheit wahrgenommen werden. Eine Vision, die man sich für Deutschland und auch für die zukünftigen Generationen, die hier groß werden, wünscht.

Adresse Fritz-Bockius-Straße, 55122 Mainz-Hartenberg/Münchfeld, barrierefrei // **ÖPNV** Tram 52, Haltestelle Agentur für Arbeit/Katholische Hochschule // ab 5 Jahren

TIPP: Unterhalb der Zukunftsallee liegt das »Mainzer Taubertsbergbad« mit großem Freibadbereich und einem Hallenbad, in dem immer sonntags Familientag ist – warmes Wasser und viel Spielzeug inklusive (www.mainzer-taubertsbergbad.de).

1
A66
Schierstein
Oberwalluf
Niederwalluf
Biebrich
Rhein
Rettbergsaue
74
61
22
A643
Budenheim
Mombach
5
2
46
8
95
Lennebergwald
77
Gonsenheim
85
106
6
59
29
A60
88
104
Finthen
58
78
A60
20
18
Layenhof
27
Drais
25
Marienborn
Ober-Olmer Wald
Lerchenberg
64
36
A63
N
0
500 m
Klein-
Winternheim
Ober-Olm

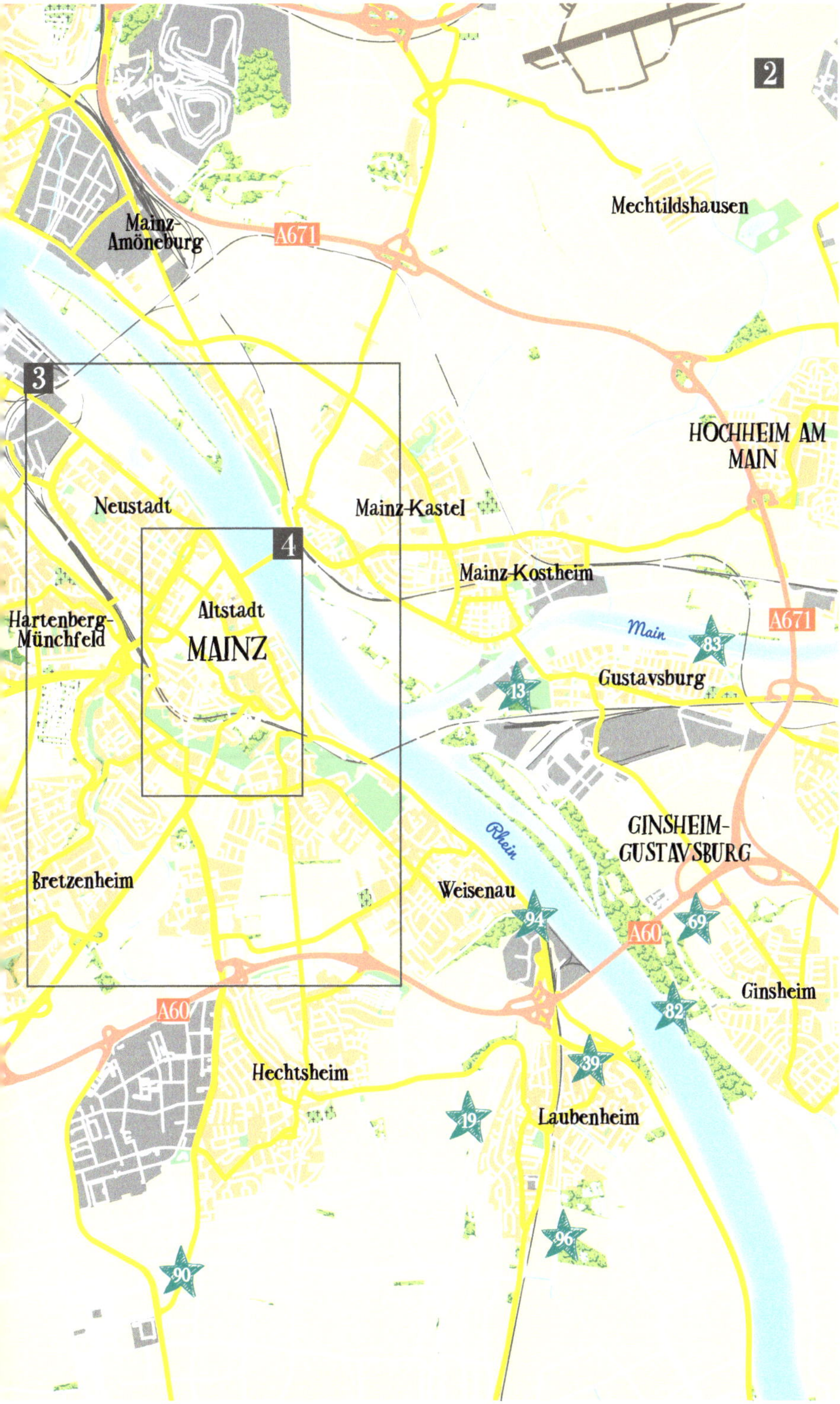

2
Mechtildshausen
Mainz-Amöneburg
A671
3
HOCHHEIM AM MAIN
Neustadt
Mainz-Kastel
4
Mainz-Kostheim
Altstadt
MAINZ
Hartenberg-Münchfeld
Main
A671
83
Gustavsburg
13
Rhein
GINSHEIM-GUSTAVSBURG
Bretzenheim
Weisenau
94
69
A60
Ginsheim
A60
82
39
Hechtsheim
19
Laubenheim
96
90

3
4
Rhein
Kasteler Arm
Rheinallee
Wiesbadener Straße
Otto-Suhr-Ring
Boelckestraße
Hartenbergstraße
Hartenbergpark
Barbarossaring
Kaiser-Wilhelm-Ring
Neustadt
Mainz-Kastel
Theodor-Heuss-Brücke
Kaiserstraße
Hartenberg-Münchfeld
Mombacher Straße
Wallstraße
Hauptbahnhof
Altstadt
Rheinstraße
Dr.-M.-L.-King-Weg
Saarstraße
Albert-Schweitzer-Straße
Weisenauer Straße
Stadtpark
Oberstadt
Göttelmannstraße
Volkspark
Hechtsheimer Straße
Mühlweg
Pariser Straße
Geschwister-Scholl-Straße
Bretzenheim
Heiligkreuzweg
N
0 250 m

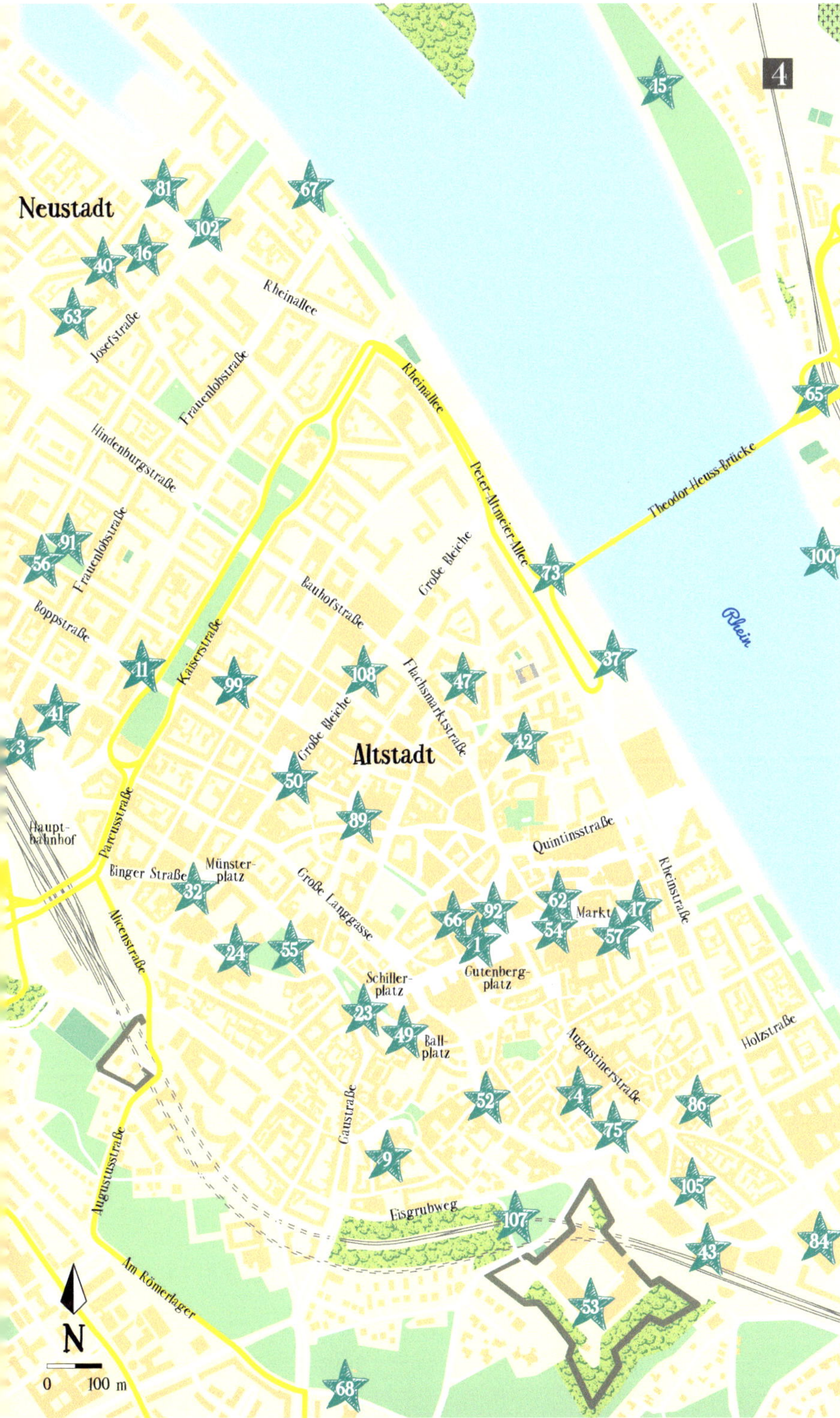

4
Neustadt
Altstadt
Rhein
Rheinallee
Josefstraße
Frauenlobstraße
Hindenburgstraße
Boppstraße
Kaiserstraße
Bauhofstraße
Große Bleiche
Flachsmarktstraße
Peter-Altmeier-Allee
Theodor-Heuss-Brücke
Quintinsstraße
Rheinstraße
Hauptbahnhof
Parcusstraße
Binger Straße
Münsterplatz
Große Langgasse
Alicenstraße
Schillerplatz
Gutenbergplatz
Markt
Ballplatz
Augustinerstraße
Holzstraße
Gaustraße
Augustusstraße
Eisgrubweg
Am Römerlager
N
0
100 m
81
67
15
102
16
40
63
65
91
56
73
100
11
99
108
47
37
41
3
42
50
89
32
66
92
62
17
54
57
1
24
55
23
49
52
4
86
75
9
105
107
84
43
53
68

Christina Bacher,
Norbert Breidenstein
111 Orte für Kinder in Köln, die man gesehen haben muss
ISBN 978-3-7408-0332-2

Julia Tzschätzsch
111 Orte für Kinder in Frankfurt, die man gesehen haben muss
ISBN 978-3-7408-0686-6

Daniela Clément
111 Orte für Kinder in Hamburg, die man gesehen haben muss
ISBN 978-3-7408-0334-6

Isa Grütering,
Natascha Korol,
Theresia Koch
111 Orte für Kinder in Berlin, die man gesehen haben muss
ISBN 978-3-7408-0251-6

Cornelia Kuhnert,
Günter Krüger
111 Orte für Kinder in und um Hannover, die man gesehen haben muss
ISBN 978-3-7408-0333-9

Florian Kinast
111 Orte für Kinder in München, die man gesehen haben muss
ISBN 978-3-7408-0431-2

Bernadette Németh
111 Orte für Kinder in Wien, die man gesehen haben muss
ISBN 978-3-7408-0558-6

Franziska Lô
111 Orte für Kinder in und um Stuttgart, die man gesehen haben muss
ISBN 978-3-7408-0655-2

Katja Josteit
111 Orte für Kinder in Kiel, die man gesehen haben muss
ISBN 978-3-7408-0641-5

Priska Lachmann
111 Orte für Kinder in Leipzig, die man gesehen haben muss
ISBN 978-3-7408-0654-5

Barbara Kemmer,
Frank Schmitt
111 Orte in Koblenz, die man gesehen haben muss
ISBN 978-3-7408-0439-8

Bernd Imgrund
111 Orte in der Eifel, die man gesehen haben muss
ISBN 978-3-7408-0729-0

Bernd Imgrund
111 Orte in der Eifel, die man gesehen haben muss – Band 2
ISBN 978-3-7408-0552-4

Dorothee Fleischmann
111 Orte im Taunus, die man gesehen haben muss
ISBN 978-3-7408-0727-6

Peter Bieg, Maximilian Staub
111 Orte in Trier, die man gesehen haben muss
ISBN 978-3-95451-848-7

Anke Müller
111 Orte an der Mosel, die man gesehen haben muss
ISBN 978-3-95451-325-3

Elisabeth Friesenhahn,
Peter Friesenhahn
111 Orte im Hunsrück, die man gesehen haben muss
ISBN 978-3-95451-319-2

Christina Kuhn,
Christian Löhden
111 Orte in der Pfalz, die man gesehen haben muss
ISBN 978-3-95451-085-6

Stefanie Jung
111 Orte in Rheinhessen, die man gesehen haben muss
ISBN 978-3-95451-082-5

Tim Frühling
111 Orte in Mittelhessen, die man gesehen haben muss
ISBN 978-3-7408-0556-2

Tim Frühling, Christine Frühling
111 Orte in Osthessen und in der Rhön, die man gesehen haben muss
ISBN 978-3-7408-0127-4

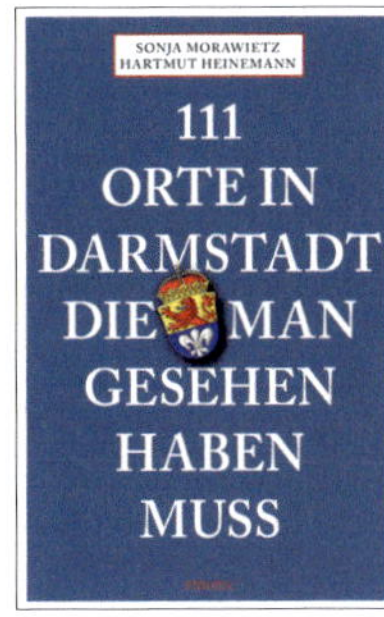

Sonja Morawietz, Hartmut Heinemann
111 Orte in Darmstadt, die man gesehen haben muss
ISBN 978-3-95451-920-0

Dietmar Hoos, Susanne Hoos
111 Orte in Kassel, die man gesehen haben muss
ISBN 978-3-7408-0728-3

Eva Wodarz-Eichner
111 Orte in Wiesbaden, die man gesehen haben muss
ISBN 978-3-95451-670-4

Rike Wolf, Tom Wolf
111 Orte in Frankfurt, die man gesehen haben muss
ISBN 978-3-95451-342-0

Christina Marx, Ingrid Schick
111 Orte im Vogelsberg und in der Wetterau, die man gesehen haben muss
ISBN 978-3-95451-227-0

Ursula Gilbert, Michael Klein
111 Orte im Siebengebirge, die man gesehen haben muss
ISBN 978-3-95451-921-7

Eckhard Heck
111 Orte in Bonn, die man gesehen haben muss
ISBN 978-3-95451-212-6

Die Autorin

Charlotte Mohs zog vor 13 Jahren für ein Studium der Kunstgeschichte in die rheinland-pfälzische Hauptstadt. Seit 2015 bloggt die dreifache Mutter auf www.lokarlchen.de über kinderfreundliche Orte in Mainz und Umgebung. Neben der lebendigen Kultur- und Gastronomieszene der Innenstadt hat sie sich auf diversen Familienausflügen in die bunten Obstwiesen und sandigen Wälder der Mainzer Vororte verliebt.